KB264329

FC/FP/PB/CFP가 꼭 알고 싶은
보험세금의 궁금증 90문 90답

1판	1쇄	인쇄	2012년	4월	10일
1판	1쇄	발행	2012년	4월	20일

지은이 박상진 **펴낸이** 조헌성 **펴낸곳** (주)미래와경영
편집장 엄진영 **북디자인** 양은정 **인쇄** 해외정판사 **제본** 대산바인텍
주소 서울특별시 구로구 구로동 222-14
대표전화 (02)837-1107 **팩스** (02)837-1108
등록번호 제 16-2128호
홈페이지 http://www.FNM.co.kr

값 20,000원
ISBN 978-89-6287-110-4 13320

FC / FP / PB / CFP가
꼭 알고 싶은

보험세금의 궁금증 90문 90답

박상진 지음

미래와경영

대학생활 시절 지도교수님은 회계사나 세무사가 지향해야 할 일은 조세효과를 반영하여 의사결정을 하기 위한 컨설팅을 해야 한다며, TAX PLANNING을 강조하신 적이 있었는데, 그 후 세무사가 되면서 어렴풋이 서투른 컨설팅을 시작하게 되었고, 시간이 지나면서 TAX PLANNING의 개념을 정리해 보면서 각 단계별 과정(1단계에서 5단계 과정)을 수립하게 되었다.

TAX PLANNING은 재무적 정보를 기초로 하여 장기적인 조세절감 효과를 극대화하는 것을 주된 목적으로 하지만 비재무적 정보를 반드시 고려해야 올바른 의사결정을 할 수 있다. 또한 TAX PLANNING은 단순히 세법만을 고려하는 것이 아니라 기업과 개인이 처한 상황에 적용되는 중요한 타 법률도 고려하여 최적의 컨설팅을 하는 것을 목적으로 한다.

본 책은 보험과 관련된 세법 기본서 중 초·중급단계인 "보험세금 궁금증 90문 90답", 중·상급단계인 "보험세무의 비밀", 고급단계인 "상속·가업승계의 비밀"이라는 3권의 책 중 한 권으로, 금융서비스 분야에서 보험에 관련된 모든 세법에 대한 내용을 담은 기본서로 보험시장에서 주로 화두가 되는 CEO-PLAN, 상속플랜 및 가업승계플랜의 기초지식을 서술하면서 세법적인 기본적인 지식과 과세근거 내용을 충실히 반영하여 보험과 관련된 세법상 과세문제와 보험컨설팅이 가능하게끔 했다.

특히 저자가 지난 8년간 보험 분야에서 상담한 내용과 보험컨설팅을 하면서 가장 많이 질문하는 내용과 화두를 중심으로 질문과 답변 형식으로 책의 내용을 서술하여 각 장별로 본인이 필요한 내용을 쉽게 찾을 볼 수 있도록 하였다. 또한 이해를 돕기 위해 적정한 사례와 관련 법규를 삽입하여 객관성을 높였고, 많은 FC의 요청이 있었던 재무계산기의 사용법을 명시하여 정기금 평가의 이해를 높이도록 하였다.

　마지막으로 본서는 금융서비스 분야에서 필요한 내용을 담은 교양서로 단순히 흥미유발을 하기 위한 내용이 아니라 실무적으로 도움이 되는 지식을 담았고, 2010.6월에 발간된 보험세무의 비밀과 목차 구성을 동일하게 하여 상호 연관성을 높이도록 하였다.

　책 구성은 총 3편으로 구성하였는데 각 편별로 주된 내용은 다음과 같다.

　제 1편은 계약자가 개인인 경우로 주로 보험에 관련된 기초지식을 담은 편으로, 종신보험, 세제비적격연금, 세제적격연금 및 종신보험과 연금보험체결시 고려사항 순으로 내용을 전개하였다.

　첫째, 종신보험의 계약자, 피보험자, 수익자를 계약형태별로 구성하여 각각의 과세문제를 사례별로 설명하여 계약자, 피보험자, 수익자가 바뀜에 따른 과세내용을 이해할 수 있게 하였다.

　둘째, 세제비적격연금의 정기금평가의 계산 방법과 의미를 자세하게 언급하여 보험상품이 다른 금융상품이나 부동산에 비해 상증법상 평가에 있어서 우위에 있다는 것을 보여주고 있고, 적립형연금과 일시납즉시연금에 대한 정기금평가를 통한 상속세와 증여세 절감효과를 상세히 설명하고 있다.

　셋째, 세제적격연금의 보험금 수령시 연금으로 받는 경우와 일시금으로 받는 경우의 소득세 과세 내용이 달라지는데, 사례를 통해 이를 자세히 언급하였다.

넷째, 보험계약을 하기 위한 대화 중 많이 발생하는 자금출처조사와 증여세 과세문제, 소득−지출분석(PCI) 시스템, 노란우산공제제도, 역모기지론 및 세금체납 등에 대한 내용을 정리하여 고객의 니즈에 대응할 수 있도록 내용을 전개하였다.

제 2편은 법인계약을 하기 위한 기본지식과 CEO플랜의 이해를 높이기 위해 Step by Step 방식으로 내용을 전개한 편으로, 단체보장성보험과 정기보험, 종신보험과 연금보험 및 CEO플랜 순으로 내용을 전개하였다.

첫째, 보험계약자가 법인인 경우에는 아무래도 실무적인 내용이 필요하기 때문에 종신보험과 연금보험에 대한 보험계약 형태별로 회계처리와 관련 규정을 명시하여 법인대표이사나 회계담당자의 이해를 돕도록 하였다.

둘째, 법인보험계약은 궁극적으로 CEO플랜이기 때문에 Step by Step 방식으로 각 단계별 세법상 고려사항이나 이해해야할 내용들을 일목요연하게 명시하여 초보 입문자라도 이해하기가 쉽게 배열하였다.

셋째, 가장 화두가 되는 CEO플랜의 정당성 또는 합법성에 대해 내용을 정리하였고, 법인대표이사와 상담하는 과정에서 반드시 알아야 할 부당행위계산부인과 가지급금에 대한 개념과 세법상 과세문제를 설명하였다.

제3편은 상속플랜과 관련된 민법과 상증법의 기초 지식을 담았고, 부동산의 양도소득세와 부동산 관련 기타법규의 내용을 담은 편으로, 민법, 상속세와 증여세, 양도소득세 및 부동산 관련 기타법규 순으로 내용을 전개하였다.

첫째, 실무적인 상속절차, 상속인 범위, 재산분할, 유류분 침해 등 실무적으로 중요한 내용들을 언급하고 있다. 특히 민법 분야는 상속세를 이해하기 위한 아주 중요한 기초 지식이기 때문에 상속세와의 연관성을 높기 도록 관련 내용을 전개하였다.

둘째, 상속세와 증여세의 흐름을 이해할 수 있도록 Step by Step 방식으로 내용을 전개하였고, 상속세와 증여세를 절감할 수 있는 노하우를 사례를 통해 설명하여 상속플랜과 관련된 컨설팅을 가능하게끔 하였다.

셋째, 양도소득세의 흐름과 일상생활에서 많이 발생하는 비과세 규정과 정부 정책을 반영한 미분양주택에 대한 세제지원 내용 및 양도를 통한 절세 노하우를 사례를 통해 설명하였고, 부동산 관련 기타법규는 일상생활에서 친밀하게 발생할 수 있는 지식으로 부동산 관련 상식을 넓힐 수 있는 좋은 기회가 될 것으로 생각된다.

매번 책을 쓰면서 느끼는 것은 항상 잃지만 항상 얻고, 항상 힘들지만 항상 행복하다는 것을, 책을 완성하기보다는 완성하는 과정으로, 일신우일신하는 마음으로 노력하고자 한다. 책을 쓰는 과정에서 보험상품의 이해를 도왔던 정영진 FC와 김선태 FC에게 고마움을 표시하고, 제 가족과 사무실 식구들에게도 깊은 고마움을 표시한다. 건아! 아빠는 네가 있어 행복하구나.

어느 깊은 새벽녘 마무리를 하면서…
박상진 세무사

Chapter 03 | 세제적격연금

Chapter 04 | 종신보험과 연금보험계약 체결시 고려사항

PART 02 보험계약자가 법인인 경우

Chapter 01 | 단체보장성보험과 정기보험

Chapter 02 | 종신보험과 연금보험

Chapter 03 | CEO 플랜

PART 03 상속·증여 및 양도

Chapter 01 | 민법

Chapter 02 | 상속세와 증여세

Chapter 03 | 양도소득세

PART 01

보험계약자가
개인인 경우

종신보험

보험을 분류하면 보험업법상 분류와 세법상
분류는 어떻게 차이가 있는지요?

포괄적 답변

보험의 분류는 해당 법규의 목적에 따라 분류가 달라진다. 즉 보험업법상 분류는 보험의 보장목적(대상)에 따라 손해보험과 인보험으로 구분하고, 세법에서는 과세목적에 따라 크게 보장성보험과 저축성보험 및 퇴직보험으로 구분한다.

세부적 답변

1. 보험업법상 분류

보험을 손해보험과 인보험으로 구분하고 인보험은 다시 생명보험과 상해보험으로 나누어 규정하고 있다. 또한 보험업법에서는 손해보험사업과 인보험사업을 겸영하지 못하도록 규정하고 있으면서, 예외적으로 상해보험을 겸영할 수 있게 하였다. 참고로 손해보험은 화재보험, 운송보험, 해상보험 및 책임보험 등이 있다.

2. 세법상 분류

　세법에서는 보험을 크게 만기에 돌려받는 만기환급금이 보험계약기간 동안 불입한 보험료보다 작은 보험을 보장성보험이라고 하고, 이를 세브화하면 ① 만기환급금이 전혀 없는 순수보장성보험 ② 만기환급금이 일부 있는 환급부보장성보험 ③ 단체보장성보험(단체순수보장성보험과 단체환급부보장성보험) ④ 종신보험으로 나눌 수 있다. 또한 만기에 돌려받는 만기환급금이 보험계약기간동안 불입한 보험료보다 큰 보험을 저축성보험(단기환급형보험)이라고 하는데, 이를 세부화하면 ① 세제적격연금 ② 세제비적격연금으로 나눌 수 있다.

　여기서 세제적격연금이란 보험료 불입시 소득공제를 허용하되 보험금(연금 또는 일시금)을 수령할 때는 소득세(연금소득세, 기타소득세)를 과세하는 보험상품이고, 세제비적격연금은 소득공제 혜택이 없는 대신에 보험금(연금 또는 일시금) 수령시 소득세를 과세하지 않은 보험상품이다. 그리고 피보험자의 퇴직을 보험금 지급사유로 하는 퇴직연금이 있다. 이를 정리해보면 다음과 같다.

- 보장성보험 : 순수보장성보험, 환급부보장성보험, 단체보장성보험, 종신보험
- 저축성보험 : 세제적격연금(연금저축), 세제비적격연금(적립형연금, 일시납즉시연금)
- 퇴직보험 : 퇴직연금

종신보험과 변액보험의 세법상 분류

종신보험의 경우에는 만기개념이 없기 때문에 만기환급금은 없지만, 엄연히 환급금이 존재하고, 보험유지기간이 20년 이상이면 납입한 보험료보다 해약환급금이 더 크기 때문에, 종신보험은 저축성보험의 성격이 있는 보장성보험으로 분류한다.

변액보험(VI)은 보험의 주된 목적인 보장기능에 보험계약자가 납입한 보험료 가운데 일부를 주식이나 채권 등에 투자해 그 운용 실적에 따라 계약자에게 투자성과를 나누어 주는 투자기능(실적배당)을 합한 부여한 보험상품으로 보장형과 적립형으로 구분된다. 다만 세법상 분류는 주된 목적인 보장기능에 따라 분류되므로 보장기능에 따라 보장형 변액유니버셜보험은 보장성보험으로, 적립형 변액유니버셜보험은 저축성보험으로 구분된다.

개인이 사망보험금을 받으면 상증법상
보험금 간주상속재산이라고 하는데
그 의미는 무엇이고,
세금문제는 어떻게 되나요?

포괄적 답변

종신보험에 가입하여 피보험자가 사망해서 사망수익자가 보험금을 수령하면 상증법상 간주상속재산으로 보아 상속세가 부과되는 경우가 있다. 즉 간주상속재산이란 민법상은 비록 피상속인의 상속재산은 아니지만 상증법에서는 경제적 실질을 중시하여 부의 세대이전 효과가 있는 사망보험금에 대하여 간주상속재산으로 규정하여 상속세를 부과하고 있다.

세부적 답변

1. 간주상속재산의 의의

상속재산은 원칙적으로 민법상 상속재산(상속이나 유증에 의한 재산)과 증여자의 사망으로 인하여 효력이 발생하는 사인증여재산을 말한다. 그러나 상속 등에 의하여 취득한 재산은 아니더라도 상속 등과 유사한 경제적 이익이 발생되는 경우에도 상속세를 과세하지 아니하면 공평과세에 문제가 발생될 수가 있다. 이와 같이 상속재산은 아니더라도 상속이나 유증 등에 의하여 취득한 재산과 유사한 경제적 이익이 발생되는 경우에는 상속세를 과세하는데, 이러한 재산을 간주상속재산이라고 하고 보험금, 신탁재산 및 퇴직금 등의 간주상속재산 규정을 두고 있다. 이를 요약하면 다음과 같다.

민	법	상증법상 과세대상(상속세·증여세)	
상속	상속 주1)	본래의 상속재산	간주·추정상속재산 (보험금 등)
	유증		
증여	사인증여		
	증여 주2)	증여재산	증여의제·추정(보험금 등)

주1) 상속이란 피상속인의 사망으로 피상속인의 재산 등에 대한 권리·의무를 상속인에게 승계하는 것(민법 제1005조)

주2) 증여란 당사자 일방이 대가없이 상대방에게 재산을 이전 한다는 의사표시를 하고 그 상대방이 이를 승낙함으로써 성립하는 계약을 말함(민법 제554조)

2. 보험금 간주상속재산

① 피상속인의 사망으로 인하여 지급받는 생명보험이나 손해보험의 보험금으로서 피상속인이 보험계약자가 된 보험계약에 의하여 지급받는 것을 상속재산으로 본다. 만약 보험계약자가 피상속인 외의 자인 경우에도 피상속인이 실질적으로 보험료를 불입한 경우에는 피상속인을 보험계약자로 보아 상속세를 부과한다(상증법 제8조).

② 보험금 중에서 상속재산으로 보는 보험금의 가액은 피상속인이 사망시까지 실질적으로 보험료를 부담한 비율에 해당하는 보험금을 상속재산으로 보게 된다. 즉 지급받은 보험금의 총합계액에 피상속인이 부담한 보험료의 금액이 당해 보험계약에 의하여 피상속인의 사망시까지 불입된 보험료의 총합계액에 대하여 차지하는 비율을 곱하여 계산한 금액으로 한다. 이를 산식으로 표현하면 다음과 같다(상증령 제4조).

> 간주상속재산 = 보험금 총합계액 × (피상속인이 부담한 보험료 합계액 / 피
> 상속인이 사망시까지 불입된 보험료 합계액)

3. 예제 〈간주상속재산가액 계산〉

① 보험계약자와 수익자 : 자녀

② 피보험자 : 아버지

③ 보험료불입 : 보험료 총불입액 3,000만원 중 2,000만원은 아버지
가 불입하고, 소득이 발생한 이후부터는 아들이 나머지 1,000만원
을 불입함

④ 아버지 사망으로 보험금 6억원 수령시 간주상속재산가액은 얼마인
가?

> 간주상속재산가액 = 6억원 × (2,000만원/3,000만원) = 4억원

보험사고가 발생하여 개인이 사망보험금을
받거나 연금수령권을 받으면 상증법상
보험금 증여의제라고 하는데 그 의미는
무엇이고, 세금문제는 어떻게 되나요?

포괄적 답변

종신보험에 가입하여 피보험자가 사망하여 사망수익자가 보험금을 수령하거나 연금보험에 가입하여 만기수익자가 연금수령권을 받으면 상증법상 보험금 증여의제로 보아 증여세가 부과되는 경우가 있다. 즉 증여의제란 비록 민법상 증여에 해당되지 않지만, 상증법에서는 경제적 실질을 중시하여 부의 무상이전 효과가 있는 보험금 또는 권리에 대하여 보험금 증여의제로 규정하여 증여세를 부과하고 있다.

세부적 답변

1. 증여의제의 의의

민법상의 개념에는 증여에 해당되지 않지만 경제적 실질이 재산의 무상이전 효과가 있는 경우에는 상증법상 증여로 보아 증여세를 과세한다. 즉 민법상 거래 당사자간에 계약(의사표시와 승낙)에 의해 재산 등의 무상이

전이 있어야 하나, 국세기본법상 실질과세원칙에 따라 거래당사자간에
계약이 없는 경우에도 경제적 실질이 재산의 무상이전 효과가 있으면 증
여의제로 보아 증여세 과세대상으로 본다.

2. 보험금 증여의제

① 생명보험 또는 손하보험에 있어서 보험금 수취인과 보험료 불입자
가 서로 다른 경우 보험사고가 발생한 때에는 보험금상당액을 보험
금수취인의 증여재산가액으로 계산한다(상증법 제34조).

② 보험계약기간 안에 보험금수취인이 타인으로부터 재산을 증여받아
보험료를 불입한 때에는 그 보험료 불입액에 대한 보험금상당액에
서 당해 보험료불입액을 차감한 가액을 보험금수취인의 증여재산가
액으로 한다(상증법 제34조). 이를 산식으로 표현하면 다음과 같다.

증여재산가액 = 보험금 × (타인재산수증분으로 불입한 보험료 / 불입한 보
험료 총합계액) − 타인재산수증분으로 불입한 보험료

③ 불입한 보험료 중 일부를 보험금수취인이 불입하였을 경우에는 보
험금에서 불입한 보험료 총합계액 중 보험금수취인이 아닌 자가 불
입한 보험료액의 점유비율에 상당하는 금액만을 증여재산가액으로
한다(상증법 제34조). 이를 산식으로 표현하면 다음과 같다.

증여재산가액 = 보험금상당액 × (보험금수취인 이외의 자가 불입한 보험료
/ 불입한 보험료 총합계액)

3. 예제 〈보험금 증여의제가액 계산〉

① 보험계약내용 : 계약자 아들, 피보험자 아버지, 수익자 아들
② 보험료 불입액과 증여재산가액 : 보험료 총불입액은 3,000만원이
   고 보험계약기간 중에 아버지로부터 현금 증여 1,000만원을 증여받
   고 동 금액을 전액 보험료로 불입한 후 보험사고 발생
③ 보험사고 : 보험사고가 발생하여 보험금 3억원 수령
④ 증여재산가액은 얼마인가?

증여재산가액 = 3억원 × (1,000만원/3,000만원) − 1,000만원 = 9,000만원

종신보험계약 형태별로 보험금
간주상속재산으로 보거나 보험금 증여의제로
보거나 상증법상 과세제외 대상으로 보는 경으가
있는데 각각의 계약형태는 어떻게 되나요?

포괄적 답변

보험사고(피보험자 사망)가 발생하고 계약자와 피보험자가 일치하면 간주상속재산으로 보고, 보험사고가 발생하고 계약자의 생존 및 계약자와 수익자가 불일치하면 증여의제로 본다. 또한 타인을 피보험자로 하면서 보험사고가 발생하고 계약자와 수익자가 일치하면 상증법상 과세제외로 본다.

세부적 답변

1. 종신보험의 과세내용

피상속인이 계약자이면서 피보험자인 경우로서 피보험자의 사망으로 사망보험금을 받은 경우에 간주상속재산으로 본다. 즉 계약자와 피보험자가 일치하는 경우에 한해 간주상속재산으로 보므로, 만약 일치하지 않은 경우에는 증여세를 부과하거나 소득세 과세제외로 본다. 예를 들면 겨약자가 소득있는 어머니, 피보험자 아버지, 수익자를 아들로 할 경우에는 어머니가 보험료를 불입해서 보험금을 아들이 받은 것이므로 아들이 어머니로부터 보험금을 증여받은 것(증여의제)으로 보아 증여세를 부담해야 한다.

또한 계약자가 소득 있는 어머니, 피보험자 아버지, 수익자를 어머니로 한 경우에는 어머니가 보험료를 불입하고 어머니가 보험금을 수령한 것이므로 상속재산이 아니고, 소득세법상 기타소득으로 열거된 소득이 아니므로 소득세 과세제외 대상이다. 따라서 이를 정리해보면 다음과 같다.

계약자 (보험료 불입자)	피보험자 (사망)	수익자 (사망보험금 수령자)	과 세 내 용
A	A	B	A의 간주상속재산(배우자 노후준비 또는 상속세 재원마련 컨셉)
A	B	C	C의 보험금 증여의제. 다만 A가 B보다 먼저 사망하여 해약환급금을 C가 수령한 경우에는 A의 본래의 상속재산이다
A	B	A	과세 없음(절세컨셉)
A	A	A	A의 본래의 상속재산

① 간주상속 : 보험사고(피보험자가 사망)가 발생하고 계약자와 피보험자가 일치하는 경우.
② 증여의제 : 보험사고(피보험자가 사망하거나 만기보험금 지급)가 발생하고 계약자의 생존 및 계약자와 수익자가 불일치하는 경우.
③ 과세제외 : 계약자와 수익자가 일치하고, 계약자(수익자)가 보험금을 수령하는 경우.
④ 본래의 상속재산 : 위①②③ 이외의 경우.

종신보험의 계약 형태별 사례문제

포괄적 답변

종신보험은 보험기간이 제1보험기간만 존재하고, 수익자도 사망수익자만 존재하기 때문에 과세문제는 세제비적격연금에 비해 매우 간단하다. 즉 수익자가 1인이면서 보험금에 대해서 상증법상 평가가 필요 없고 사망보험금(해약환급금)을 간주상속재산이나, 본래의 상속재산 및 보험금 증여의제를 적용하면 되고, 제2보험기간에 대한 과세문제를 고려할 필요가 없기 때문이다. 구체적인 종신보험의 계약 형태별 과세문제는 다음과 같다.

세부적 답변

〈상황 1〉

계약자	피보험자	수익자
아버지	아버지	둘째아들

보험료 불입기간이 65세까지인 종신보험에 가입하고, 계약자가 60세에 사망한 경우

- 계약자이면서 피보험자인 아버지 사망으로 지급한 사망보험금은 수익자인 둘째 아들에게 지급되고, 간주상속재산으로 보아 피보험자(계약자)의 상속재산가액에 가산하여 상속세를 부과한다.

피보험자 사망으로 보험금을 수령한 경우 : 사례 1과 상동

〈상황 2〉

계약자	피보험자	수익자
아버지	어머니	아버지

보험료 불입기간이 65세까지인 종신보험에 가입하고, 계약자가 60세에 사망하여 계약을 해약한 경우

- 계약자 사망으로 지급한 보험금(해약환급금)은 법정상속인에게 지급되고, 본래의 상속재산으로 보아 계약자의 상속재산가액에 가산하여 상속세를 부과한다.

피보험자 사망으로 보험금을 수령한 경우

- 사망보험금은 수익자인 아버지가 수령하고 아버지가 보험료를 불입하고 아버지가 보험금을 수령하므로 동 금액은 상속세, 증여세 과세대상이 아니고 소득세 또한 과세제외 대상이다.

〈상황 3〉

계약자	피보험자	수익자
아버지	어머니	둘째아들

사례 1 ●

보험료 불입기간이 65세까지인 종신보험에 가입하고, 계약자가 60세에 사망하여 계약을 해약한 경우

- 계약자 사망으로 지급한 보험금(해약환급금)은 법정상속인에게 지급되고, 본래의 상속재산으로 보아 계약자의 상속재산가액에 가산하여 상속세를 부과한다.

사례 2 ●

피보험자 사망으로 보험금을 수령한 경우

- 피보험자 사망으로 수익자인 둘째아들이 사망보험금을 수령하고, 보험료 불입자와 보험금 수령자가 불일치하므로 증여의제로 보아 증여세를 부과한다.

사례 3 ●

계약자인 아버지가 보험료 불입도중 사망하여 둘째아들로 계약자를 변경한 경우

- 아버지가 사망 직전까지 불입한 보험료 합계액에 그동안 발생한 이자상당액을 가산하여 본래의 상속재산가액으로 보아 계약자(아버지)의 상속재산가액에 가산하여 상속세를 부과한다(서일46014-10284, 2000.3.7). 사례 3은 보험사고가 발생되지 않았기 때문에 간주상속재산이나 증여의제을 적용할 여지가 없고, 단지 아버지가 불입한 보험증서를 본래의 상속재산으로 보고 상증법상 평가한 것이다.

상속인의 고유재산(상증법상 간주상속재산)과 피상속인의 민법상 상속재산(상증법상 본래의 상속재산)과의 차이점은 무엇인가요?

포괄적 답변

민법상 피상속인의 상속재산인지, 상속인의 고유재산인지 여부는 피상속인의 채권자가 당해 재산에 대하여 채권자 행사를 할 수 있는지 여부의 판단기준이 된다. 즉 종신보험의 사망보험금이 민법상 피상속인의 상속재산이면 피상속인의 채권자는 사망보험금에 대해 압류를 할 수 있지만, 만약 상속인의 고유재산이라면 피상속인의 채권자는 당해 사망보험금에 대하여 압류를 할 수 없다. 다만 상증법에서는 상속인의 고유재산이더라도 당해 사망보험금을 간주상속재산으로 보아 상속재산 범위에 포함시켰기 때문에 당연히 피상속인의 상속세 등을 체납할 경우에는 사망보험금에 대하여 압류를 할 수 있다.

세부적 답변

생명보험을 든 보험계약자가 자신을 피보험자로 하고 사망수익자를 상속인으로 정해둔 경우, 피보험자인 본인이 사망하면 보험금이 상속인에게 지급된다. 이 경우 상속인이 보험금수익자로서 갖는 보험금청구권은 상속인의 고유재산으로 보아야 하며, 이를 피상속인의 상속재산(상증법에서는 간주상속재산으로 보아 상속세를 과세함)이라고 할 수는 없다. 따라서 피상속인의 채권자는 이에 따라 사망보험금에 대해 압류를 할 수 없다(대법 선고2000다31502, 2001.12.28).

다만 조세채무의 경우에는 상증법 제3조의 규정에 의하여 상속인 또는 수유자는 각자가 받았거나 받을 상속재산을 한도로 하여 상속세를 연대하여 납부할 의무가 있는 바, 연대납부의무의 책임은 상속재산총액에서 부채총액을 차감한 가액중 상속인 또는 수유자 각자가 받았거나 받을 재산가액을 한도로 하는 것이므로 상속인의 고유재산에 대하여도 체납처분을 할 수 있다(재재산46014-105, 98.5.23). 또한 국세기본법 제24조에 의하여 상속인이 승계한 피상속인의 체납된 국세를 징수하기 위해 상속인의 고유재산(사망보험금 등)을 압류할 수 있다(서면1팀-582, 2005.5.3).

아파트를 보유하기 보다는 보험금을
수령하는 것이 상속세 절감효과가
더 있다고 하는데 그 이유는 무엇인가요?

포괄적 답변

상증법상 부동산 평가는 원칙적으로 시가로 하되, 시가가 없는 경우에는 보충적 평가방법을 적용한다. 또한 상속개시일 전 6개월부터 상속세 신고일까지 유사사례가액이 있는 경우에는 당해 가액을 시가로 본다. 따라서 부동산 중 아파트의 경우에는 상속으로 거래가액이 없지만 유사사례가액이 있을 가능성이 매우 높기 때문에 아파트 평가는 시가로 하게 된다.

반면에 사망보험금 또한 현금으로 받기 때문에 동액을 시가로 보지만 금융재산으로 보아 금융재산상속공제(최대한도 2억원)를 적용받을 수 있어 실질적인 상속재산 평가는 아파트보다 감소한 가액으로 평가되기 때문에 더 유리하다고 볼 수 있다. 금융재산상속공제를 세부적으로 설명하면 다음과 같다

세부적 답변

금융재산상속공제는 피상속인의 금융재산의 가액에서 금융채무를 차감한 가액인 순금융재산의 가액에 대하여 공제를 한다.

순금융재산	공제액
2,000만원 이하	전액
2,000만원 초과 1억원 이하	2,000만원
1억원 초과 10억원 이하	순금융재산의 20%
10억원 이상	2억원

① 여기서 금융재산이란 금융기관이 취급하는 예금, 적금, 보험금, 공제금, 주식 등과 비상장 주식으로 금융기관이 취급하지 아니하는 것. 다만 최대주주가 보유하는 주식은 제외, 여기서 최대주주란 주주 1인과 특수관계자와의 주식합계가 가장 많은 주주를 말함.

② 금융채무란 금융기관의 확정된 채무를 말함.

③ 금융재산상속공제 대상인 보험금이란 거주자인 피상속인의 상속개시일 현재 상속재산가액에 포함되어 있는 것으로, 「금융실명거래 및 비밀보장에 관한 법률」 제2조 제1호에 규정된 금융기관이 취급하는 예금·보험금을 말한다. 따라서 상속개시일 현재 미수령한 보험금으로 피상속인의 본래의 상속재산(해약환급금 등)이든 간주상속재산이든 모두 적용대상이다(재산-800, 2009.3.9).

피상속인(근로기준법상 근로자)이 직장을 다니다가
과로로 사망하여 피상속인이 속한 사업장에서
사망퇴직금 또는 (위로)보상금을 받거나
산업재해보상보험법 등에 의해 유족급여를
수령한 경우 세금문제는 어떻게 되나요?

포괄적 답변

근로자가 사망하여 받은 퇴직금·유족급여 등은 원칙상 민법상 상속인의 고유재산이면서 상증법상으로는 간주상속재산에 해당되지만, 근로자의 사망이 산재법 등에 의한 산재사고에 해당할 경우에는 그로 인해 유족이 받은 퇴직금·유족급여 등은 상증법상 상속세를 과세하지 않는다.

세부적 답변

1. 사망퇴직금과 유족급여 등의 민법상 상속재산 여부

민법상 사망퇴직금은 법률, 회사의 내규, 취업규칙에 의해 수급권자의 범위나 순위가 정하여진 경우에는 상속인의 고유재산으로 보지만 피상속인이 퇴직금을 신청하고 퇴직금을 수령하기 전에 사망한 경우에는 피상속인의 상속재산으로 본다. 또한 국민연금법, 산업재해보상보험법 등의 유족급여에 대한 수급권자의 범위나 순위가 법령에 정하여 있어 그 변경이 인정되지 않은 경우에는 수급자(상속인)의 고유재산으로 피상속인의 상속재산이 될 수 없다. 다만 사망퇴직금과 유족급여 등은 일종의 사인증여에 준하는 것으로 보아 특별수익으로 고려될 수 있다.

2. 사망퇴직금과 유족급여 등의 상속세 과세여부

피상속인의 사망으로 지급될 퇴직금·퇴직수당·공로금·연금 또는 기타 이와 유사한 것으로 퇴직급여지급규정 등에 의하여 지급받는 금품과 피상속인이 근무하고 있는 사업과 유사한 사업에 있어 피상속인과 같은 지위에 있는 자가 받거나 받을 수 있다고 인정되는 금액을 감안하여 피상속인의 지위·공로 등에 따라 지급되는 금품은 상속재산에 해당한다(상증통 10-0…1). 다만, 다음에 해당하는 경우에는 상속재산으로 보지 않는다.

① 「국민연금법」에 의하여 지급되는 유족연금 또는 사망으로 인하여 지급되는 반환일시금
② 「공무원연금법」 또는 「사립학교교직원연금법」에 의하여 지급되는 유족연금·유족연금부가금·유족연금일시금·유족일시금 또는 유족보상금
③ 「군인연금법」에 의하여 지급되는 유족연금·유족연금부가금·유족연금일시금·유족일시금 또는 재해보상금
④ 「산업재해보상보험법」에 의하여 지급되는 유족보상연금·유족보상일시금 또는 유족특별급여
⑤ 근로자의 업무상 사망으로 인하여 근로기준법 등을 준용하여 사업자가 당해 근로자의 유족에게 지급하는 유족보상금 또는 재해보상금과 기타 이와 유사한 것
⑥ 「전직대통령예우에 관한 법률」 및 「별정우체국법」에 의하여 지급되는 유족연금·유족연금일시금 및 유족일시금(상증령 제6조)

질문 09

피상속인이 교통사고 또는 상해를 당해
가해자로부터 사망보험금과 상해보험금을
수령한 경우 세금문제는 어떻게 되나요?

포괄적 답변

가해자로부터 받은 교통사고보상금과 상해보험의 보험금은 대가관계가 있는 손해배상 성격으로 보아 민법상 피상속인의 상속재산이지만 상증법에서는 상속세와 증여세를 부과하지 않는다.

세부적 답변

1. 피상속인이 교통사고로 사망하여 보상금을 받은 경우

민법상 생명침해로 인한 손해배상청구권은 피상속인의 상속재산인지, 상속인의 고유재산인지에 대해 다소 다툼의 소지는 있지만 판례(대판 1969.4.15, 69다268)에 의하면 치명적인 상해와 사망사이에는 관념상·실제상 순간의 시간적 간격(순간적으로 피해자는 정신적·육체적 고통을 느낀다)이 있는 것으로 피해자가 치명상을 입었을 때 곧바로 손해배상청구권을 취득하므로 피해자의 사망으로 인한 손해배상청구권은 당연히 피상속인의 상속재산이다.

다만 상증법에서는 피상속인이 교통사고 등으로 사망하여 그 유족인 긴 상속인이 수령하는 위자료 성격의 보상금(정신적, 재산상 손해배상금)은 상속세와 증여세를 과세대상으로 보지 않는다(재산상속 46014-120, 2001.2.1 , 재산01254-714, 1988.3.10).

2. 상해보험의 보험금을 받은 경우

손상된 신체의 복원에 소요된 실비정산 성격의 상해보험의 보험금은 사회통념상 인정되는 이재구호금품, 치료비 등에 해당되어 상속세와 증여세 비과세 대상이다(상증법 제12조, 제46조).

종신보험 등 보장성보험에 대해서 소득공제는 인정되는지 여부와 인정된다면 얼마나 공제가 되는지 또한 회사에서 보험료공제대상에 해당되는 보험료를 사용인을 대신하여 대납해준 경우 소득공제가 가능한가요?

포괄적 답변

근로소득이 있는 거주자에 한해 보장성보험료에 대하여 소득공제가 가능하고, 보장성보험료는 일반보장성보험료와 장애인전용보장성보험으로 각각 100만원을 한도로 소득공제를 인정하고 있다. 다만 일반보장성보험과 장애인전용보장성보험은 중복적용이 되지 않는다. 또한 회사에서 사용인을 대신하여 대납해준 보장성보험료에 대해서는 당해 사용인의 급여로 봄과 동시에 소득공제 대상으로 본다.

세부적 답변

1. 일반보장성보험료(100만원 한도)

기본공제대상자(본인과 공제대상배우자 및 공제대상부양가족을 말함)를 피보험자(종피보험자 포함, 법인46013-2822, 1999.7.16)로 하는 보험 중 만기에 환급되는 금액이 납입보험료를 초과하지 않는 것으로서 보험계약 또는 보험료납입영수증에 보험료공제대상임이 표시된 보험을 말한다. 보험료 공제는 근로자가 실제로 납입한 금액으로 연 100만원을 한도로 공제한다.

2. 장애인전용보장성보험(100만원 한도)

기본공제대상자 중 장애인을 피보험자 또는 수익자로 하는 보험계약(만기에 환급되는 금액이 납입보험료를 초과하지 않는것)에 의하여 보험자에게 지급하는 보험료로서 보험계약 또는 보험료 납입영수증어 장애인전용크험으로 표시된 보험을 말한다. 보험료공제는 근로자가 실제로 납입한 금액으로 연 100만원을 한도로 한다. 또한 장애인전용보장성보험의 계약자에 대하여 일반보장성보험료 공제와 중복되는 경우에는 그 중 하나만을 선택하여 적용한다.

3. 보험료를 사용자(회사)가 대신 지급한 경우

사용자가 보험료공제대상에 해당되는 보험료를 사용인을 대신하여 지급해 준 경우에는 동 보험료 상당액을 그 근로자의 급여액에 가산하여 원천징수하고, 사용인은 동 보험료 상당액을 보험료공제를 한다(통칙52-2).

보험료 소득공제를 많이 받고 세금 줄이는 법

소득공제는 동일금액이더라도 소득이 높은 자는 적용(한계)세율이 높기 때문에 소득공제로 인한 절세효과는 저소득자보다 훨씬 크다. 따라서 맞벌이 부부의 소득공제를 적용할 때 이왕이면 한계세율이 높은 배우자의 소득공제로 몰아주거나, 중복적용으로 받지 못하는 소득공제 혜택이 있으면 배우자간 소득공제를 분산시켜서 절세효과를 극대화시킬 수 있다.

즉 부부가 각각 종신(정기)보험 등에 가입하기 보다는 소득이 많은 배우자가 부부형 종신(정기)보험에 계약자로 가입하되 주피보험자는 소득이 적은 배우자, 종피보험자는 본인(소득이 많은 배우자)으로 하면 소득 많은 배우자가 보험료 소득공제를 적용받을 수 있기 때문에 소득공제로 인한 절세효과가 크다(원천-181, 2010.3.3).

또한 근로소득이 있는 맞벌이 부부가 일반보장성보험과 장애인전용보장성보험에 각각 가입하면 중복적용에 해당되지 않아 각각 소득공제가 가능하기 때문에 절세효과를 볼 수 있다(서이46013-12140, 2003.12.17).

세제비적격연금

세제비적격연금도 종신연금처럼
간주상속재산과 금융상속재산 및
보험금 증여의제 과세문제가 발생하나요?

포괄적 답변

세제비적격연금은 보험료 불입시 소득공제를 허용하지 않은 대신에 보험금을 수령할 땐 소득세를 부과하지 않은 상품이다. 다만 제1보험기간에 피보험자가 사망하거나, 제2보험기간에 보험계약자와 보험수익자가 불일치하거나, 일치하더라도 만기수익자 변경을 통해 타인이 보험금의 일부를 수령할 수 있는 권리를 받게 되면 간주상속재산(피상속인의 본래의 상속재산 포함) 또는 보험금증여의제로 상속세나 증여세가 부과된다.

즉 제1보험기간과 제2보험기간동안 보험계약에 의해 타인이 무상으로 부의 이전을 받게 되면 상증법상 과세문제가 발생하여 상속세나 증여세를 부과되는 것이다.

세부적 답변

1. 적립형연금

적립형연금보험은 종신보험과 달리 보험기간이 제1보험기간과 제2보험기간으로 구분된다. 따라서 제1보험기간(보험가입일로부터 연금개시 전까지의 기간)에 발생하는 과세문제는 종신보험과 동일하다. 즉 피보험자 사망으로 사망수익자에게 보험금이 지급되는 경우 간주상속재산, 보험금증여의제 및 금융재산상속공제 내용은 종신보험과 동일하다. 다신 제2보험기간인 연금개시 시점 또는 연금개시 이후에 연금수령권이 계약자 이외의 자에게 이전되는 경우에는 증여세나 상속세 과세문제가 추가로 발생한다.

2. 일시납즉시연금

일시납즉시연금은 보험료를 일시납으로 납부하기 때문에 제1보험기간(통상 1월 이내)이 매우 짧고, 동 기간동안 피보험자가 사망하여 보험사고가 발생하는 경우는 거의 없기 때문에 일반적으로 과세문제가 발생하지 않는다.

따라서 제2보험기간에 과세문제가 발생하는 경우는 크게 두가지로 볼 수 있는데, 첫째는 보험계약 단계에서 계약자와 수익자가 불일치하여 연금이 개시되는 제2보험기간 기산일을 증여일로 보아 정기금평가를 통한 보험금증여의제 규정을 적용하는 경우이고, 두 번째로는 연금을 수령하는 제2보험기간동안 계약자와 만기수익자가 일치하는 경우에는 과세문제가 발생하지 않지만 잔여연금수령권(사망보험금 또는 원금 포함)이 상속인 또는 상속인 이외의 자에게 귀속되는 경우에는 정기금평가를 통한 상속세 과세문제가 발생한다.

상증법상 적립형연금 개시 후 연금수령권의
평가는 어떻게 하나요?

포괄적 답변

적립형연금의 제2보험기간인 연금개시 시점이나 연금개시 시점 이후에 연금수령권이 보험계약자 이외의 자에게 무상으로 이전될 경우에는 매년 수령하는 연금의 명목가액을 상증법상 과세대상 금액으로 보지 않고 당해 연금의 지급기간 또는 기대여명까지의 기간동안 받을 금액을 6.5%로 복리로 할인한 현재가치를 상증법상 평가금액으로 보고 과세한다. 또한 연금의 지급형태에 따라 유기정기금, 무기정기금 및 종신정기금의 평가방법을 각각 두고 있다.

세부적 답변

종신보험의 경우에는 피보험자 사망으로 확정된 보험금이 현금으로 수익자에게 지급되므로 별다른 상증법상 평가를 할 필요 없이 전액을 간주상속재산으로 보아 상속세를 부과하지만, 연금보험의 경우에는 연금 개시 후 만기수익자가 사망하고 보험계약에 의해 연금수령 잔존기간이 남아 있는 경우에는, 동 연금수령권을 상증법상 정기금으로 평가해서 피상속인의 본래의 상속재산이나 간주상속재산으로 보는 것이며, 계약자와 수익자가 불일치하여 연금개시 시점을 증여로 보아 증여세를 부과하는 경우에는 연금 지급기간 동안 받을 수 있는 연금총액을 상증법상 정기금으로 평가하여 보험금 증여의제로 본다. 또한 연금지급 형태에 따라 유기·무기·종신정기금으로 구분하여 각각의 평가 방법을 달리하고 있다.

1. 유기정기금

유기정기금은 일정기간 정기적으로 금전 기타 물건을 받을 권리로서, 평가기준일 현재 정기금의 급부 잔존기간에 각 연도에 받을 정기금액을 기준으로 다음의 산식에 의하여 계산한 금액의 합계액에 의한다(상증령 제62조1호). 즉 매년 받을 정기금을 현재가치로 평가하여 그 합계액을 평가액으로 한다.

$$\text{유기정기금 평가액} = \Sigma \text{각 연도에 받을 정기금액} / \{1+\text{국세청고시이율}(6.5\%)\}^n$$

n : 평가기준일부터의 경과연수

2. 무기정기금

무기정기금이란 정기금의 급부사유가 발생한 이후에 장래 무기한 정기적으로 금전 기타 물건을 받게 되는 권리를 말한다. 이러한 무기정기금은 그 1년분 정기금액의 20배에 상당하는 금액으로 평가한다(상증령 제62조2호). 실무적으로 무기정기금에 해당하는 금융상품은 없다.

3. 종신정기금

종신정기금은 당사자일방이 자기, 상대방 또는 제3자의 종신까지 정기로 금전 기타 물건을 상대방 또는 제3자에게 지급할 것을 약정함으로써 그 효력이 있는 것으로 상대방 또는 제3자가 정기적으로 사망시까지 금전 기타의 물건을 받을 권리를 말한다.

종신정기금의 평가는 평가기준일로부터 그 목적으로 된 자(피보험자를 말함)의 기대여명 연수(소수점 이하는 절사)까지의 기간 중 각 연도에 받을 정기금액을 기준으로 상기의 유기정기금의 평가 산식과 같이 계산한 금액으로 한다(상증령 제62조3호). 즉 기대여명 연수(소수점 이하는 절사)까지 매년 받을 정기금을 현재가치로 평가하여 그 합계액을 평가액으로 한다.

유쾌한 박세무사의 한마디!

1. 지급보증기간이 기대여명 이후에 만료되는 경우

보험계약에 의하여 지급받는 종신연금을 상증령 제62조 3호(종신정기금)의 규정에 의하여 평가하는 것이나 최저지급보증기간이 그 목적으로 된 자의 기대여명 이후에 만료되는 경우에는 유기정기금 규정에 의하여 평가한다(서면4팀-3280, 2006.9.26). 따라서 종신정기금의 평가는 평가기준일로부터 ① 기대여명 ② 최저지급보증기간의 나이 중 큰 나이를 기준으로 평가한다.

2. 상속형연금의 평가 방법

피보험자 사망시까지 (만기)수익자가 연금을 수령하며, 피보험자 사망시 적립금을 (사망시)수익자에 지급하는 연금보험에 있어서, 연금보험의 불입자 및 피보험자가 남편이고 수익자가 배우자인 경우 연금 및 적립금을 받을 권리는 상증령 제62조 3호(종신정기금) 규정에 의하여 평가하는 것이고, 적립금은 피보험자가 기대여명이 되는 때에 받을 정기금액에 포함되는 것임(서면4팀-3121, 2007.10.31).

연금의 지급형태에는 어떤 방식이 있는지
그리고 기대여명의 의미를 알고 싶어요?

포괄적 답변

연금의 지급형태는 크게 확정형과 종신형 및 상속형으로 구분되는데, 이 중 확정형은 연금 지급기간이 확정된 일정기간동안 지급하는 형태이고, 종신형은 피보험자가 사망할 때까지 지급하되 최저지급보증기간제도를 두고 있다. 그리고 상속형은 연금개시 시점의 책임준비금의 이자에 해당하는 금액을 연금으로 지급하고, 피보험자가 사망하면 연금개시 시점의 책임준비금에 상당하는 사망보험금(특정 상품은 피보험자의 일정연령이 되면 연금개시 시점의 책임준비금에 상당하는 생존보험금을 지급하는 상품도 있음)을 지급하는 형태이다.

그리고 기대여명은 특정 연령대에 속한 사람이 앞으로 생존할 것으로 기대되는 평균생존연수(출생시 평균여명을 평균수명이라고도 함)로 종신정기금 평가할 때 사용되는 개념이다.

세부적 답변

1. 연금보험의 보험금 지급형태

연금보험의 보험금 지급형태는 확정형, 종신형 및 상속형으로 구분되는데, 제1보험기간이 종료되는 시점, 즉 연금이 개시되기 직전에 연금지급형태를 계약자가 지정한다. 여기서 확정형은 상증법상 유기정기금에 해당하는 것으로 일정기간 확정된 기간(5년, 10년 20년, 30년 등)동안 연금을 지급하는 형태이다. 또한 종신형은 상증법상 종신정기금에 해당하며 피보험자의 사망시까지 연금을 지급하는 것으로, 만일 불의의 사고로 피보험자가 조기에 사망할 경우에 연금 수령액이 작아지는 것을 방지하기 위해 최저지급보증기간을 두고 있어, 동 기간내에 피보험자가 사망하더라도 최저지급보증기간(통상 20년)까지 연금을 지급하는 제도이다.

그리고 상속형은 연금개시 시점에 적립된 책임준비금을 기준으로 산출한 연금(통상 책임준비금의 공시이율 또는 최저보증이율에 해당하는 금액)을 연금개시 시점부터 피보험자 사망시까지 지급하고, 피보험자 사망시에 연금개시 시점에 적립된 책임준비금을 사망보험금으로 추가로 지급하는 형태이다. 다만 상속형은 종신형과 같이 최저지급보증 제도가 없다. 따라서 상속형의 만기수익자는 피보험자 사망시까지 연금(통상 책임준비금의 공시이율 또는 최저보증이율에 해당하는 금액)을 수령하고, 사망수익자는 피보험자 사망시에 사망보험금을 받는 것이다.

참고적으로 확정형은 보험금 지급규모의 예측이 가능하고, 상속형은 연금개시 시점에 확정된 책임준비금과 동액을 근거로 공시이율 또는 최저보증이율에 해당하는 연금을 지급하는 형태이기 때문에 보험금 지급재원관리가 용이하기 때문에 연금이 개시된 이후에도 보험계약의 해지가 가능하나, 종신형의 경우에는 보험금 지급규모의 예측이 불가능하여 보험계약의 해지가 불가능하다.

2. 기대여명 개념과 기대여명표

기대여명(Life expectancy)이란 특정 연령대에 속한 사람이 앞으로 생존할 것으로 기대되는 평균생존연수를 말한다(출생시 평균여명을 평균수명이라고도 함). 이는 사망과 밀접한 관계가 있으며 잔여평균수명을 예측하고 있는 지표로 통계청은 매년 12월에 발표하는데 2010년 기대여명표는 2011.12.02에 발표했고 그 내용은 다음과 같다.

〈 2010년 기대여명표 〉

연령	기대여명		연령	기대여명	
	남자	여자		남자	여자
0	77.20	34.07	51	28.64	34.55
1	76.48	83.30	52	27.78	33.61
2	75.51	32.32	53	26.92	32.67
3	74.53	31.34	54	26.07	31.74
4	73.54	80.35	55	25.23	30.80
5	72.55	79.36	56	24.39	29.87
6	71.56	78.37	57	23.55	28.93
7	70.57	77.37	58	22.73	28.00
8	69.58	76.38	59	21.91	27.08
9	68.59	75.38	60	21.10	26.16
10	67.60	74.39	61	20.30	25.24
11	66.61	73.40	62	19.51	24.33
12	65.61	72.40	63	18.72	23.43
13	64.62	71.41	64	17.93	22.53
14	63.63	70.42	65	17.16	21.63
15	62.64	69.43	66	16.39	20.75
16	61.66	68.44	67	15.64	19.87
17	60.68	67.45	68	14.91	19.01
18	59.70	66.46	69	14.19	18.15

19	58.73	65.48	70	13.49	17.31
20	57.76	64.49	71	12.80	16.48
21	56.79	63.51	72	12.14	15.66
22	55.82	62.53	73	11.49	14.86
23	54.85	61.55	74	10.87	14.07
24	53.88	60.58	75	10.26	13.30
25	52.92	59.60	76	9.68	12.56
26	51.95	58.63	77	9.11	11.84
27	50.99	57.65	78	8.57	11.14
28	50.03	56.68	79	8.06	10.47
29	49.07	55.71	80	7.57	9.83
30	48.11	54.74	81	7.10	9.21
31	47.15	53.76	82	6.66	8.62
32	46.19	52.79	83	6.24	8.07
33	45.23	51.82	84	5.85	7.54
34	44.27	50.85	85	5.49	7.04
35	43.31	49.88	86	5.15	6.57
36	42.36	48.91	87	4.83	6.14
37	41.41	47.94	88	4.54	5.73
38	40.46	46.97	89	4.26	5.34
39	39.52	46.01	90	4.01	4.99
40	38.58	45.05	91	3.77	4.66
41	37.64	44.08	92	3.55	4.35
42	36.71	43.12	93	3.35	4.07
43	35.79	42.16	94	3.17	3.81
44	34.88	41.20	95	3.00	3.57
45	33.97	40.24	96	2.84	3.36
46	33.06	39.29	97	2.70	3.16
47	32.16	38.34	98	2.57	2.97
48	31.27	37.39	99	2.45	2.81
49	30.39	36.44	100	2.34	2.66
50	29.51	35.49			

2011.12.02 통계청 발표

적립형연금으로 제2보험기간에 지급하는
연금의 지급형태가 확정형인 경우
정기금 평가는 어떻게 하나요?

포괄적 답변

적립형연금으로 제2보험기간동안 확정된 기간동안 연금이 지급될 경우에는 확정된 잔여연금 기간 동안의 연금을 6.5%로 복리로 할인하여 평가한다.

세부적 답변

연금지급 형태는 20년 확정형으로 연간 연금지급액은 1,200만원이고, 만기수익자가 6년간 연금 수령하다가 사망한 경우로써 적립형연금 보험계약의 형태가 다음과 같을 경우 유기정기금 평가액은 얼마인가?

계약자	피보험자	만기수익자	사망수익자
아버지	아버지	아버지	상속인
만기수익자가 사망하여 잔여연금수령권에 대한 권리를 상속인으로 수익자 변경함			

① 아버지의 14년 잔여연금수령권이 수익자 변경을 통해 상속인에게 승계된다. 따라서 아버지의 본래의 상속재산으로 유기정기금으로 평가한 금액을 상속재산가액에 가산한다.

② 14년간 매년 받을 1,200만원을 6.5%로 할인한 유기정기금 평가액(상속재산가액)은 108,166,107원(명목가액 1.68억원)이 된다.

③ HP 10BⅡ 재무계산기 사용법 : 1, shift, P/YR, 14, N, 6.5, I/YR, 12,000,000, PMT, 0, FV, PV

적립형연금으로 제2보험기간에
지급하는 연금의 지급형태가 종신형인 경우
정기금 평가는 어떻게 하나요?

포괄적 답변

적립형연금으로 제2브험기간동안 피보험자가 사망할 때까지 연금이 지급될 경우에는 피보험자의 기대여명과 잔여지급보증기간 중 큰 금액을 기준으로 잔여연금기간동안의 연금을 6.5%로 복리로 할인하여 평가한다.

세부적 답변

연금지급형태는 종신형(최저지급보증기간은 20년)으로 피보험자의 연금개시 연령은 70세이고, 연간 연금지급액은 970만원이다. 또한 만기수익자가 16년간 연금 수령하다가 사망한 경우로써 적립형연금 보험계약의 형태가 다음과 같을 경우 종신정기금 평가액은 얼마인가? 다만 기대여명은 평가기준일에 고시한 기대여명표를 참조해야 하나 계산의 편의상 2010년 기대여명표로 대체한다.

계약자	피보험자	만기수익자	사망수익자
아버지	어머니	아버지	상속인
만기수익자가 사망하여 잔여연금수령권에 대한 권리를 상속인으로 수익자 변경함			

① 연금지급 형태가 종신형이기 때문에 만기수익자인 아버지가 사망하더라도 피보험자인 어머니가 사망할 때까지 연금은 지급된다. 따라서 동 연금수령권이 수익자 변경을 통해 상속인에게 승계되고, 아버지의 본래의 상속재산으로 종신정기금으로 평가한 금액을 상속재산가액에 가산한다. 이때 정기금을 받을 수 있는 기간 산정은 피보험자의 기대여명과 잔여지급보증기간 중 큰 금액을 기준으로 계산한다. 따라서 아버지의 사망일 현재 어머니의 연령은 86세이고 기대여명은 6년(소수점 이하는 절사)이고, 잔여지급보증기간은 4년이므로 6년으로 산정한다.

② 6년간 매년 받을 970만원을 6.5%로 할인한 종신정기금 평가액(상속재산가액)은 46,957,831원(명목가액 5,820만원)이 된다.

③ HP 10BⅡ 재무계산기 사용법 : 1, shift, P/YR, 6, N, 6.5, I/YR, 9,700,000, PMT, 0, FV, PV

적립형연금으로 제2보험기간에 지급하는
연금의 지급형태가 상속형인 경우 정기금
평가는 어떻게 하나요?

포괄적 답변

적립형연금으로 피보험자가 사망할 때까지 연금이 지급되고, 동시어
피보험자 사망시에 사망보험금이 일시금으로 지급되는 경우에는 종신정
기금 평가방법을 준용하여 연금 지급은 피보험자의 기대여명까지 받는
것으로 보아 6.5%로 복리로 할인하여 평가하고, 사망보험금은 기대여명
시점에 받는 것으로 보아 6.5%로 복리로 할인하여 연금평가액과 합산하
여 계산한다.

세부적 답변

연금지급형태는 상속형으로, 피보험자의 연금개시 연령은 45세이고,
연간 연금지급액은 720만원이고 사망보험금은 1.6억원이다. 또한 만기수
익자가 18년간 연금 수령하다가 사망한 경우로써 적립형연금 보험계약의
형태가 다음과 같을 경우 정기금평가액은 얼마인가? 다만 기대여명은 평

가기준일에 고시한 기대여명표를 참조해야 하나 계산의 편의상 2010년 기대여명표로 대체한다.

계약자	피보험자	만기수익자	사망수익자
아버지	아들	아버지 (수익자를 아들로 변경)	손자
만기수익자가 사망하여 잔여연금수령권에 대한 권리를 상속인으로 수익자 변경함			

① 연금지급 형태가 상속형이기 때문에 만기수익자인 아버지가 사망하더라도 피보험자인 아들이 사망할 때까지 연금은 지급된다. 따라서 동 연금수령권이 수익자 변경을 통해 아들에게 승계되고, 아버지의 본래의 상속재산으로 종신정기금으로 평가한 금액을 상속재산가액에 가산한다. 이때 정기금을 받을 수 있는 기간 산정은 피보험자의 기대여명으로 계산한다. 따라서 아버지의 사망일 현재 아들의 연령은 63세이고 기대여명은 18년(소수점 이하는 절사)으로 산정된다.
이차적으로 손자가 받을 예정인 사망보험금은 피보험자인 아들이 사망하지 않았기 때문에 보험금은 지급되지 않았으나, 계약자인 아버지가 사망하면서 사망보험금 수령권리를 손자에게 무상 이전한 것으로 보아 아버지의 본래의 상속재산으로 보아 정기금으로 평가한 금액을 상속재산가액에 가산한다. 이때 사망보험금의 정기금 평가는 피보험자의 기대여명인 18년(소수점 이하는 절사) 후에 받을 수 있는 금액으로 보아 현재가치로 평가한 금액을 상속재산으로 본다.

② 아들이 18년간 매년 받을 720만원을 6.5%로 할인한 종신정기금 평가액(상속재산가액)은 75,113,757원(명목가액 129,600,000원)이 된다.

③ 손자가 18년 후에 받을 사망보험금 1.6억원을 6.5%로 할인한 정기금평가액은 51,502,349원(명목가액 1.6억원)이다.

④ HP 10BⅡ 재무계산기 사용법 : 1, shift, P/YR, 18, N, 6.5, I/YR,

7,200,000, PMT, 0, FV, PV

⑤ HP 10BⅡ 재무계산기 사용법(③) : 160,000,000원, ÷, shift, ;,
1.065, shift, yˣ, 18, =

정기금 평가의 의미

위 사례를 보면 상속재산에 가산하는 연금의 명목가액은 2.89억원(1.29억원+1.6억원)이지만 현재가치로 평가한 정기금가액은 126,616,106원(75,113,757원+51,502,349원)이다. 즉 명목가액을 6.5%로 할인한 결과 명목가액 대비 감소율[=(명목가액-현재가치)/명목가액]이 56.18%가 감소하였다.

현재 금융상품 중 시장상황에 따라 다소 변동은 있겠지만 정기예금이자율과 정기적금이자율은 단리이자율로 3%~6%임에도 불구하고 보험상품에 대해선 복리이자율 6.5%로 적용하므로 그만큼 보험상품에 대한 현재가치 평가액은 다른 금융상품이나 부동산에 비해 저평가 될 것이다.

즉 상증법상 부동산 평가는 원칙적으로 시가(매매사례가액 등)로 하도 시가가 없는 경우에 한해 보충적 평가방법(개별공시지가, 개별주택가액 등)으로 한다. 만약 시가에 해당하는 매매사례가액이 있는 경우에는 부동산의 시가로 보아 상증법상 평가가액은 시가의 100%가 된다. 따라서 보험상품의 경우에는 정기금평가와 금융재산 상속공제 제도로 인해 부동산에 비해 상대적으로 상증법상 평가시에 매우 유리한 위치에 있다고 할 수 있다.

일시납 즉시연금을 선호하는 이유는 무엇인가요?

포괄적 답변

일시납 즉시연금은 장년층이 선호하는 상품인데, 그 이유는 제1보험기간동안 보험해약을 함으로 인한 손실이 없고, 연금이 즉시 개시됨에도 불구하고 이자소득 비과세 혜택과 금융소득 종합과세를 피할 수 있기 때문이다. 또한 연금 지급형태를 종신형을 할 경우, 연금이 개시되면 보험계약을 해약할 수 없어 오직 본인을 위한 은퇴설계가 가능하여 매우 유용한 상품이다.

세부적 답변

즉시연금플랜이란 중소기업 대표이사나 고액 자산가의 은퇴자금 설계를 할 경우에, 특정 부동산을 처분하여 상속재산가액을 감소시키면서 부동산 처분대금 중 일정부분을 목돈으로 연금보험에 가입한 후 가입한 달의 다음 달부터 일정액의 연금을 수령하는 플랜을 말한다.

즉시연금플랜을 고액자산가가 선호하는 이유는 통상 정기예금과 비슷한 금리를 얻을 수 있으면서 이자소득에 대한 소득세 비과세 혜택을 전액 받을 수 있고, 연금이 개시되어 종신형으로 연금을 수령할 경우에는 계약변경이 불가능하여 자식들의 성화에 못 이겨서 또는 잘못된 투자 등으로 원금손실이 발생하여 본인의 은퇴자금을 소진하는 일이 없고, 오직 자기 자신만을 위한 안정적인 장기플랜을 할 수 있는 장점이 있다.

즉시연금을 가입한 후 연금을 수령하는 방법으로 확정형, 종신형, 상속형이 있는데, 이 중 확정형은 연금수령기간이 확정된 기간(통상 10년, 15년, 20년)으로 정해진 경우를 말하고, 종신형은 피보험자가 사망할 때까지 만기수익자가 연금을 수령할 수 있는 상품이고, 상속형은 피보험자가 사망할 때까지 또는 일정기간동안 만기수익자는 연금(보험료의 이자상당액)을 수령하고 동시에 피보험자 사망시 또는 일정연령 도달시에 사망(생존)수익자는 사망(생존)보험금(통상 보험료 원금 상당액)을 받을 수 있는 상품이다. 따라서 연금수령액의 크기는 확정형이 제일 크고 상속형이 제일 작다.

즉시연금을 계약한 고객들은 주로 종신형과 상속형을 선호하는데, 그 이유는 즉시연금보험 상품의 가입목적이 은퇴기간동안 연금수령권이 보장되어 안정적인 노후자금을 확보 할 수 있기 때문에 궁극적으로 자기 자신과 배우자를 위한 은퇴자금으로 활용하기엔 매우 적합한 금융상품이다.

보험수익자가 개인인 경우가
법인인 경우보다 세법상 유리하다고 하는데
왜 그런가요?

포괄적 답변

보험수익자가 개인인 경우가 법인인 경우보다 유리한 것은 소득세법상 저축성보험차익의 이자소득 비과세 규정 때문이다. 즉 보험수익자가 법인인 경우에는 법인세법상 순자산증가설에 의해 저축성보험차익의 이자소득에 대해 무조건 과세하는 반면, 보험수익자가 개인인 경우에는 소득세법상 비과세 혜택을 받을 수 있기 때문이다.

또한 보험유지기간 산정은 계약변경에 상관없이 최초보험료 납입일로부터 산정하기 때문에 보험금 수령인이 개인이면 소득세법을 적용하는 것이다. 그리고 2005년 세법 개정으로 중도인출을 소득세법상 이자소득으로 보는 규정을 폐지하여 변액유니버셜보험을 활성화하는데 기여를 하게 되었다.

세부적 답변

　장기저축성 보험차익의 과세제외 규정은 소득세법 1항 10호에 열거된 규정으로 개인에게 적용되는 규정이고, 법인세법에서는 이와 관련된 구정이 없고 순자산 증가설에 입각하여 순자산이 증가하는 원인과 형태를 불문하고 익금으로 보므로 보험차익의 장·단기에 불문하고 과세대상으로 보고 이런 보험차익을 지급하는 보험회사 등은 원천징수(15.4%)를 해야한다. 또한 보험기간 산정은 계약변경에 관계없이 최초 보험료 납입일로부터 보험유지기간으로 산정한다(소득세제과 -52, 2009.1.22).

　따라서 보험금을 수령하는 최종명의자가 개인일 경우에는 중간명의자가 법인이든, 개인이든 보험유지기간은 최초보험료 납입일로부터 산정하기 때문에 이에 따라 보험차익 과세여부를 결정한다(원천-441, 2010.5.28).

　마지막으로 2003.12.30 서법 개정시에는 "중도해지일 도는 최초 원금 인출일까지의 기간이 10년 미만이고, 동 기간 중에 원금을 인출하는 경우를 포함해서 이자소득으로 본다"라고 세법개정이 이루어져 변액유니버셜 보험상품의 중도인출을 이자소득으로 보았으나, 2005.2.19 세법개정으로 중도인출의 경우에는 과세제외가 되었다.

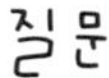

일시납즉시연금의 정기금 평가로 인한
상증법상 절세효과가 있다고 하는데
얼마나 있나요?

포괄적 답변

정기금 평가는 주로 보험상품에 적용하는 규정으로 매년 수령하는 연금을 6.5%로 복리로 할인하여 현재가치로 산정한 금액을 상증법상 평가금액으로 한다. 따라서 6.5%로 복리로 할인한다는 의미는 반대로 해석하면 상증법상 보험상품의 수익률이 매년 복리이자율 6.5%에 해당한다는 의미이기도 하다.

그리고 현재 금융상품 중 시장상황에 따라 다소 변동은 있겠지만 정기예금이자율과 정기적금이자율은 단리이자율로 3%~6%임에도 불구하고 보험상품에 대해선 복리이자율 6.5%로 적용하므로 그만큼 보험상품에 대한 현재가치 평가액은 다른 금융상품이나 부동산에 비해 저평가 될 것이다. 따라서 이 부분이 정기금 평가를 통한 상증법상 절세효과라고 하는 것이다. 사례를 통해서 구체적인 절세효과를 계산해 보면 다음과 같다.

세부적 답변

⟨가정⟩

① 즉시연금의 보험계약으로 계약자는 아버지(80세), 피보험자는 아들 (55세), 만기수익자는 아버지, 사망수익자(상속형의 경우)는 손자이다

② 아버지는 보험료 10억원을 일시납으로 납입하고, 납입월의 다음달 부터 연금을 3년간 수령하다가 사망하여 만기수익자를 아들로 변경 하고 아들은 58세부터 연금을 수령한다.

③ 연금지급 형태는 확정형의 경우에는 20년간 연간 6,960만원을 지 급하고, 종신형(20년 보증)은 종신토록 5,520만원, 상속형은 종신토 록 4,500만원과 피보험자 사망시점에 사망보험금 10억원을 지급 한다.

④ 기대여명은 평가기준일에 고시한 기대여명표를 참조해야 하나 계산 의 편의상 2010년 기대여명표로 대체한다. 따라서 남자 58세의 기 대여명은 22(소수점 이하는 절사)이다.

1. 확정형의 정기금 평가

① 아버지의 17년 잔여연금수령권이 수익자 변경을 통해 아들에게 승 계된다. 따라서 아버지 본래의 상속재산으로 유기정기금으로 평가 한 금액을 상속재산가액에 가산한다.

② 17년간 매년 받을 6,960만원을 6.5%로 할인한 유기정기금 평가액 (상속재산가액)은 703,696,138원(명목가액 11.83억원)이다.

③ HP 10BⅡ 재무계산기 사용법 : 1, shift, P/YR, 17, N, 6.5, I/YR, 69,600,000, PMT, 0, FV, PV

2. 종신형의 정기금 평가

① 연금지급 형태가 종신형이기 때문에 만기수익자인 아버지가 사망하더라도 피보험자인 아들이 사망할 때까지 연금은 지급된다. 따라서 동 연금수령권이 수익자 변경을 통해 아들에게 승계되고, 아버지의 본래의 상속재산으로 종신정기금으로 평가한 금액을 상속재산가액에 가산한다. 이때 정기금을 받을 수 있는 기간 산정은 피보험자의 기대여명과 잔여지급보증기간 중 큰 금액을 기준으로 계산한다. 따라서 아버지의 사망일 현재 아들의 연령은 58세이고 기대여명은 22년(소수점 이하는 절사), 잔여지급보증기간은 17년이므로 22년으로 산정한다.

② 22년간 매년 받을 5,520만원을 6.5%로 할인한 종신정기금 평가액(상속재산가액)은 636,742,797원(명목가액 12.14억원)이 된다.

③ HP 10BⅡ 재무계산기 사용법 : 1, shift, P/YR, 22, N, 6.5, I/YR, 55,200,000, PMT, 0, FV, PV

3. 상속형의 정기금 평가

① 일차적으로 연금지급 형태가 상속형이기 때문에 만기수익자인 아버지가 사망하더라도 피보험자인 아들이 사망할 때까지 연금은 지급된다. 따라서 동 연금수령권이 수익자 변경을 통해 아들에게 승계되고, 아버지의 본래의 상속재산으로 종신정기금으로 평가한 금액을 상속재산가액에 가산한다. 이때 정기금을 받을 수 있는 기간 산정은 피보험자의 기대여명으로 한다. 따라서 아버지의 사망일 현재 아들의 연령은 58세이고 기대여명은 22년(소수점 이하는 절사)으로 산정한다.

이차적으로 손자가 받을 권리가 있는 사망보험금에 대해서는 아들의 기대여명인 22년 후에 지급 받은 것으로 보아 목돈의 현재가치로 계산한 가액을 아버지의 본래의 상속재산으로 보아 상속재산가액에 가산한다(재산세과-143, 2010.3.9).

② 아들이 22년간 매년 받을 4,500만원을 6.5%로 할인한 종신정기금 평가액(본래의 상속재산가액)은 519,083,802원(명목가액 9.9억원)이 된다.

③ 손자가 22년에 받을 10억원을 6.5%로 할인한 평가액(간주상속재산)은 250,212,284원(명목가액 10억원)이 된다.

④ HP 10BⅡ 재무계산기 사용법(②) : 1, shift, P/YR, 22, N, 6.5, I/YR, 45,000,000, PMT, 0, FV, PV

⑤ HP 10BⅡ 재무계산기 사용법(③) : 1,000,000,000, ÷, shift, (, 1.065, shift, y^x, 22, =

〈확정형, 종신형, 상속형의 정기금 평가〉

	확정형	종신형(20년 보증)	상속형
연간 연금액	6,960만원	5,520만원	4,500만원 (사망보험금 10억원)
연금명목총액	11.83억원	12.14억원	19.9억원
정기금평가액	703,696,138원	636,742,797원	769,296,086원
금융재산상속공제	140,739,227원	127,348,559원	153,859,217원
상속세 과세표준	562,956,911원	509,394,238원	615,436,869원
명목가액대비감소율	52.41%	58.04%	69.07%

- 금융재산상속공제는 순금융재산가액의 20%를 공제하되 2억원을 한도로 한다.
- 명목가액대비감소율은 "(연금명목총액-상속세 과세표준) / 연금명목총액"으로 계산한다.
- 정기금평가는 상증법상 6.5% 복리로 할인해서 평가하고, 평가기간이 길수록 복리에 의한 할인율이 급격히 커지기 때문에 이로인한 상속세 절감효과는 매우 크다. 또한 상속재산 중 정기예금, 펀드 등 금융상품과 부동산에 비해 보험상품은 정기금평가로 인해 상속플랜에 적용하는데 있어 상대적으로 매우 유리한 위치에 있다고 할 수 있다.

세제적격연금

세제적격연금의 소득공제로 인한
절세효과는 얼마나 되고, 소득공제를 받기 위한
주의사항은 무엇이 있나요?

포괄적 답변

거주자가 세제적격연금인 연금저축에 가입하면 연간 400만원까지 소득공제가 가능하고, 근로자퇴직급여보장법상 확정기여형(DC)형과 개인퇴직계좌(IRA)로 근로자가 추가로 부담하는 부담금이 있으면 연금저축불입과 합하여 연간 400만원까지 소득공제가 가능하다. 또한 세제적격연금은 거주자를 대상으로 하기 때문에 근로소득자나 자영업자도 소득공제를 받을 수 있다.

다만 소득공제는 400만원이더라도 소득 귀속자의 적용세율(한계세율)에 따라 소득공제로 인한 소득세 절감효과가 차이가 나기 때문에 한계세율이 높은 고소득자가 저소득자보다 훨씬 유리한 절세효과를 얻을 수 있다.

그리고 연금저축에 가입일로부터 5년 내 중도해지할 경우에는 2%의 해지가산세를 부담해야 한다.

세부적 답변

1. 소득공제

거주자가 다음의 요건을 모두 갖춘 연금저축에 가입한 경우에는 연간 연금저축불입금액 전액을 소득공제한다. 다만 연금저축불입액과 근로자 퇴직급여보장법에 따라 근로자가 부담하는 부담금의 합계액이 연 400만원을 초과하는 때에는 그 초과금액은 이를 없는 것으로 한다.

① 은행 등이 취급하는 연금저축상품으로 2001.1.1 이후 가입하고
② 만 18세 이상이고, 분기마다 300만원 이내에서 불입하고, 불입기간이 10년 이상 일정
③ 계약기간 만료 후 만 55세 이후부터 5년 이상 연금으로 지급받는 저축일 것

2. 해지가산세

저축가입일로부터 5년이 경과되기 전에 연금저축을 중도해지한 경우에는 금융기관이 매년 불입한 금액(400만원을 한도로 한다)의 누계액에 2% 해지가산세를 추징하여 다음달 10일까지 세액을 납부하여야 한다. 다만 해지 전 6개월 이내에 다음의 사유가 발생하면 해지가산세를 부과하지 않는다.

① 사망, 해외이주, 천재지변
② 저축자의 퇴직 또는 저축자가 근무하는 사업자의 폐업
③ 저축자의 3월 이상의 입원치료 또는 요양을 요하는 상해·질병 발생
④ 저축기관의 영업정지, 영업인가·허가의 취소, 해산결의 또는 파산 선고

소득공제로 인한 절세효과

세제적격연금은 연 400만원까지 소득공제가 가능하고 이로 인한 소득세 절감효과는 과세표준에 적용하는 세율, 즉 한계세율에 따라 소득세 절감효과가 달라진다. 이를 정리해보면 다음과 같다.

과세표준	2012년 이후 세율	한계세율 (지방소득세 포함)	절세효과[주1]
1,200만원 이하	6%	6.6%	264,000원
4,600만원 이하	1,200만원 초과금액의 15% +72만원	16.5%	660,000원
8,800만원 이하	4,600만원 초과금액의 24%+582만원	26.4%	1,056,000원
3억원 이하	8,800만원 초과금액의 35%+1,590만원	38.5%	1,540,000원
3억원 초과	3억원 초과금액의 38%+9,010만원	41.8%	1,672,000원

주1) 소득세 절세효과는 소득공제(400만원)액에 한계세율(지방소득세 포함)을 곱해서 계산한다. 따라서 동일한 소득공제액이라 하더라도 한계세율이 높은 고소득자가 저소득자보다 훨씬 유리한 절세효과를 얻을 수 있다.

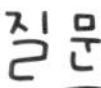

세제적격연금을 가입한 후 보험금을
연금으로 받으면
과세문제는 어떻게 되나요?

포괄적 답변

세제적격연금을 가입한 후 보험금을 연금으로 받으면 연금소득세로 과세하고 일시금으로 받으면 기타소득세로 과세한다. 특히 연금소득세를 계산하기 위해서는 연금소득공제를 한 연금소득금액을 타소득과 합산하여 종합소득공제를 한 후 종합소득세를 계산한다. 다만 연금을 지급할 때 5.5% 원천징수를 하기 때문에 이 부분을 종합소득세 계산시 기납부세액으로 처리한다.

세부적 답변

<table>
<tr><td colspan="1">연금소득세 계산구조</td></tr>
<tr><td>연금소득(비과세 제외)</td></tr>
<tr><td>− 연금소득공제(한도액 900만원)</td></tr>
<tr><td>= 연금소득금액(타소득금액과 합산)</td></tr>
<tr><td>− 종합소득공제</td></tr>
<tr><td>= 과세표준</td></tr>
<tr><td>× 기본세율(6%~38%)</td></tr>
<tr><td>= 산출세액</td></tr>
<tr><td>− 기납부세액(원천징수세액)</td></tr>
<tr><td>= 연금소득세</td></tr>
</table>

1. 연금소득금액 계산

연금소득금액은 연금소득(연금소득에서 제외되는 소득과 비과세소득을 제외)에서 연금소득공제를 한 금액으로 한다(소법 제20조).

2. 연금소득

> 연금수령액 × {1−실제소득공제받은 금액을 초과하여 불입한 금액의 누계액/총연금지급액(예상액)}

위 산식에서 총연금지급액 또는 예상액이라 함은 연금지급개시일 현재의 원리금합계액을 말한다. 또한 연금저축의 운용실적에 따라 추가로 지급받는 금액은 연금수령액에 포함되는 것으로 본다(소법 제20조의 3).

※위 산식의 의미는 연금수령액은 연금불입액총액과 연금불입기간동안 발생한 이자소득(보험차익)으로 구성되는데, 이중 연금불입액총액 중 실제 소득공제 받은 부분과 연금불입기간동안 발생한 이자소득(보험차익)의 합계액에 대해서만

소득세 과세대상으로 본다는 의미이다. 따라서 이를 다음과 같이 정리할 수 있다. 다만 계약자가 사망하여 받은 해약환급금 또는 일시금이 연금불입액총액보다 작아서 보험차손(=연금불입액총액 − 해약환급금)이 발생한 경우에는 동 금액을 연금소득에서 차감한다(서면1팀-801, 2008.6.10). 이를 정리 해 보면 다음과 같다.

> 연금소득 = 연금불입액총액 중 실제소득공제 받은 금액 + 이자소득(보험차익·차손)

3. 연금소득공제

연금소득이 있는 거주자에 대하여는 당해 연도에 받은 총연금소득(공적연금과 사적연금을 말함)에서 다음의 금액을 공제한다. 다만 900만원을 한도로 한다.

총연금액	공제액
350만원 이하	총연금액
350만원 초과 700만원 이하	350만원 + 350만원 초과금액의 40%
700만원 초과 1,400만원 이하	490만원 + 700만원 초과금액의 20%
1,400만원 초과	630만원 + 1,400만원 초과금액의 10%

4. 수입시기

연금소득에 대한 총수입금액을 수입할 시기는 연금을 지급받거나 받기로 한 날로 한다.

5. 원천징수

원천징수의무자가 사적연금(퇴직보험연금·개인연금 및 퇴직연금)에 해당하는 연금소득을 지급하는 때에는 그 지급금액(연금소득공제를 하기 전의 소득금액)의 5.5%(주민세 포함)를 원천징수하고, 연금지급시기에 연금소득원천징수영수증을 연금소득자에게 교부하여야 한다. 다만 사망의 경우에는 그 사망일이 속하는 달의 다음 다음달 말일까지 교부하여야 한다.

6. 선택적 분리과세

연금소득의 총합계액이 연 600만원 이하인 경우에는 소득자의 임의적인 선택에 의하여 분리과세를 받거나 종합과세를 받을 수 있다.

예제

연금소득세 계산

홍길동의 연금저축보험료 불입기간은 10년으로 2005. 1. 1~2014. 12. 31이고, 연간 보험료 불입액은 600만원이다. 홍길동은 만 55세 이상이 되는 2015. 1. 1 부터 10년간 매년 연금 1,000만원을 수령할 경우 2012년 기준으로 연금소득세를 계산하면 얼마인가? 단 종합소득공제는 150만원으로 가정한다.

① 총연금액 : 1,000만원 × [1 − (300 × 6년 + 200만원 × 4년) / 1억원] = 740만원

※연금저축의 소득공제 한도는 2010년까지는 연간 300만원이고, 2011년부터는 연간 400만원이기 때문에 실제 소득공제 받은 금액을 초과하여 불입한 금액은 2005년부터 6년간은 300만원이고, 2011년부터 4년간은 200만원이 된다.

② 연금소득공제 : 400만원 + (740만원 − 700만원) × 20% = 498만원
③ 연금소득금액 : 740만원(총연금액) − 498만원(연금소득공제) = 242만원
④ 연금소득과세표준 : 242만원(연금소득금액) − 150만원(소득공제) = 92만원
⑤ 연금소득산출세액 : 92만원 × 6% = 55,200원(지방소득세 5,520원 별도)
⑥ 원천징수세액(기납부세액) : 740만원 × 5% = 37만원(지방소득세 3.7만원 별도)

※원천징수는 연금소득공제를 하기 전의 소득금액의 5.5%(지방소득세 포함)이므로 연금지급액 1,000만원을 기준으로 원천징수하는 것이 아니고, 총연금액인 740만원을 기준으로 원천징수하는 것이다.

⑦ 연금소득세 : 55,200원 − 37만원 = −314,800원 환급
⑧ 지방소득세 : 5,520원 − 3.7만원 = −31,480원 환급

세제적격연금을 가입한 후 보험금을
일시금으로 받으면
과세문제는 어떻게 되나요?

포괄적 답변

세제적격연금을 가입한 후 보험금을 일시금으로 받으면 기타소득세로 과세한다. 특히 기타소득세를 계산하기 위해서는 필요경비를 0으로 보기 때문에 기타소득 자체가 기타소득금액이 된다. 따라서 기타소득을 타소득과 합산하여 종합소득공제를 한 후 종합소득세를 계산하면 된다. 다만 일시금을 지급할 때 22% 원천징수를 하기 때문에 이 부분을 종합소득세 계산시 기납부세액으로 처리한다.

세부적 답변

1. 소득금액 계산

연금저축의 가입자가 불입계약기간 만료 전에 해지하거나 불입계약기간 만료 후 연금외의 형태로 지급받는 경우에는 다음의 산식에 의하여 계산한 금액을 기타소득으로 보아 소득세를 부과하고 필요경비는 영(0)으르

한다. 다만 가입자가 저축불입계약기간 만료 전에 사망하여 계약이 해지되거나 저축불입계약기간 만료 후 사망하여 연금 외의 형태로 지급받는 경우에는 다음의 산식에 의하여 계산한 금액을 연금소득으로 보아 연금소득세를 부과한다(조특법 제86조의 2 ④항).

일시금 × {1−실제소득공제받은 금액을 초과하여 불입한 금액의 누계액 / 총 연금지급액(예상액)}

2. 과세최저한

기타소득금액이 매건마다 5만원 이하인 경우에는 소득세를 과세하지 않고 원천징수 또한 하지 않는다.

3. 원천징수와 선택적 분리과세

원천징수의무자가 기타소득을 지급하는 때에는 그 기타소득금액의 22%를 원천징수한다. 또한 기타소득금액의 연합계액이 300만원 이하인 경우에는 당해 소득자의 선택에 의하여 종합소득에 합산 신고하거나 분리과세 할 수 있다.

기타소득세 계산

홍길동의 연금저축보험료 불입기간은 10년으로 2008. 1. 1~2017. 12. 31이고, 연간 보험료 불입액은 600만원이다. 홍길동은 8년간 연금저축을 불입하다가 2016. 1. 1 자녀의 대학교 등록금납부로 연금저축계약을 해약하여 해지일시금으로 5,200만원을 수령할 경우 2012년 기준으로 기타소득세를 계산하면 얼마인가? 단 종합소득공제는 150만원으로 가정한다.

① 기타소득 : 5,200만원 × [1 − (300만원 × 3년 + 200만원 × 5년) / 5,200만원]
　　　　　　 = 3,300만원

※연금저축의 소득공제 한도는 2010년까지는 연간 300만원이고, 2011년부터는 연간 400만원이기 때문에 실제 소득공제 받은 금액을 초과하여 불입한 금액은 2008년부터 3년간은 300만원이고, 2011년부터 5년간은 200만원이 된다.

② 기타소득금액 : 3,300만원 − 0(필요경비)원 = 3,300만원
③ 기타소득과세표준 : 3,300만원 − 150만원(소득공제) = 3,150만원
④ 기타소득산출세액 : 72만원 + (3,150만원 − 1,200만원)×15% = 3,645,000원
　　　　　　　　　　 (지방소득세 364,500원 별도)
⑤ 원천징수세액(기납부세액) : 3,300만원 × 20% = 660만원(지방소득세 66만원 별도)

※원천징수는 기타소득금액의 22%(지방소득세 포함)이므로 해지일시금 5,200만원을 기준으로 원천징수하는 것이 아니고, 기타소득금액인 3,300만원을 기준으로 원천징수하는 것이다.

⑥ 기타소득세 : 3,645,000원 − 660만원 = −2,955,000원 환급
⑦ 지방소득세 : 364,500원 − 66만원 = −295,500원 환급

※만약 4년간 불입하다가 해지를 하면 해지 가산세는 4년간 소득공제 받은 금액의 2%이다. 따라서 2008년부터 3년간은 소득공제 300만원이고 2011년은 400만원이므로 가산세는 26만원(1,300만원×2%)이 된다.

Chapter 04

종신보험과 연금보험계약 체결시 고려사항

종신보험을 이용한 절세컨셉은 무엇인가요?

포괄적 답변

종신보험계약 형태상 계약자와 수익자가 본인이고, 피보험자가 타인이면 보험사고로 인한 사망보험금에 대해서는 세금문제가 발생하지 않는다. 따라서 맞벌이 부부가 각각 피보험자를 상대 배우자로 하면서 계약자와 수익자를 본인으로 하거나, 상속세 재원을 확보하기 위하여 피보험자를 아버지, 계약자와 수익자를 소득 있는 아들로 할 경우에는 세금부담 없이 사망보험금을 수령할 수 있어 매우 유익한 방법이다.

세부적 답변

1. 가정 : 상황 1과 상황 2를 비교 분석하되, 보험계약 1과 2 체결 후 남편이 먼저 사망하는 것으로 가정한다.

〈상황 1〉

보험계약	계약자	피보험자	사망수익자
계약 1	남편	남편	상속인
계약 2	브인	부인	상속인

〈과세문제〉

계약 1에 의해 피보험자인 남편이 사망했으므로 사망보험금은 상속인에게 이전되고 간주상속재산으로 보아 남편의 상속재산가액에 가산한다. 계약 2는 피보험자인 부인이 사망하면 사망 보험금은 자녀 등에게 이전되고 간주상속재산으로 보아 부인의 상속재산가액에 가산한다. 또한 보험계약자가 근로소득자인 경우에는 100만원을 한도로 보험료공제가 가능하다.

〈상황 2〉

보험계약	계약자	피보험자	사망수익자
계약 1	남편	부인	남편
계약 2	부인	남편	부인

〈과세문제〉

계약 1에 의해 계약자인 남편이 사망했으므로 해약할 경우에는 해약환급금기, 계약자 변경(계약자와 수익자를 부인으로 변경함)을 할 경우에는 보험료 총불입액에 이자상당액을 가산한 가액을 간주상속재산으로 보아 남편의 상속재산가액에 가산한다. 계약 2는 피보험자인 남편이 사망했으므로 사망보험금은 부인이 수령하되, 보험료 불입자와 보험금 수령자가 일치하드로 상속·증여세 과세대상이 아니다. 또한 보험계약자가 근로소득자인 경우에는 본인을 계약자로 하고 피보험자를 소득 있는 배우자로 한 경우에는 보험료공제를 받을 수 없다

2. 비교 설명

상황 1은 부부 중 먼저 사망한 배우자가 남은 가족을 위해 보험금을 유산으로 남기기 위해 일반적으로 계약을 많이 하는 형태이다. 상황 1은 어떤 형태가 되든 계약 1과 계약 2는 모두 간주상속재산으로 보아 언젠가는 상속세가 부과되는 계약형태이지만 상황 2의 계약은 둘 중 하나의 보험계약은 상속세나 증여세를 부담하지 않는 계약형태이기 때문에 조세절세 측면에선 상황 2가 훨씬 유리한 결과가 나온 것이다.

또한 계약자(남편) 사망으로 보험계약을 해약하지 않고 계약자 변경(계약자와 수익자를 자녀로 변경)을 한 경우에는 피상속인이 납입한 보험료 총불입액과 이자상당액을 피상속인의 본래의 상속재산으로 보아 상속재산가액에 가산하여 상속세를 일부 증가시키는 효과가 있지만, 상황 2는 상황 1에 비해서 종신보험계약 1과 2의 사망보험금 합계액은 동일하면서 자녀 명의로 계약자 변경을 한 종신보험의 사망보험금(어머님 사망으로 인한 보험금)은 전액 보험료 전액을 자녀가 불입(상속으로 받은 보험료와 본인이 직접 불입한 보험료)한 것으로 보아 상속세를 과세하지 않는다.

따라서 상황 1은 종신보험계약 1, 2 모두 상속세 과세대상이나, 상황 2는 무조건 종신보험계약 2는 상속세 과세대상이 아니고 종신보험계약 1 중 피보험자인 아버지가 불입한 보험료와 이자상당액만 상속세 과세대상이고 나머지 부분은 상속세 과세대상이 아니기 때문에 상속세 절감효과는 매우 크다.

자녀의 소득이 없거나 적은 경우 자녀 명의로 보험계약을 효율적으로 하는 방법은 무엇인가요?

포괄적 답변

자녀를 수익자로 하는 보험을 계약할 때는 보험금 증여의제 규정과 타인기여로 인한 재산가치증가 증여의제 규정을 고려해야 한다. 이 중 보험금 증여의제 규정은 선증여·후보험계약으로 증여세 문제를 해결할 수 있다. 이를 세부적으로 설명하면 다음과 같다.

세부적 답변

부모는 자녀가 성장하는 과정에서 여러 가지 이유로 자녀를 피보험자로 하는 보험에 가입하고, 상황에 따라선 피보험자와 수익자를 자녀로 하는 보험에 가입하여 추후 발생하는 조세문제에 대해 여러 가지 관심도 많고 담당 보험설계사 입장에서도 보험상품 계약시 반드시 조언을 해주어야 할 부분이다.

자녀를 수익자로 하는 보험의 경우에는 반드시 보험금 증여의제 규정과 타인기여로 인한 재산가치증가 증여의제 규정을 고려해야 한다. 이 중 보험금 증여의제는 선증여 후보험계약으로 증여세 문제를 피할 수 있다. 즉 소득없는 자녀에게 선증여를 통해 증여신고를 하고 증여금액으로 보험에 가입하고 보험료를 불입한 경우에는 보험금증여의제를 적용받지 않는다.

다만 증여받은 자가 미성년자이거나 그 직업·연령·소득·재산상태로 보아 자신의 계산으로 재산가치 증가 행위를 할 수 없다고 인정되는 자가 증여 받은 날로부터 5년 이내에 개발사업의 시행, 형질변경, 공유물분할, 사업의 인허가, 주식의 상장(등록) 및 합병, 생명보험 또는 손해보험의 보험사고 발생, 지하수 개발 등의 인허가로 재산가치상승금액이 3억원 이상이거나 30% 이상인 경우에는 동 상승분을 또 다른 증여로 본다(상증법 제42조).

따라서 5년내 보험사고가 발생한 경우에는 보험금에서 보험불입액을 차감한 가치상승분이 3억원 이상이거나 보험료불입액의 30% 이상인 경우에는 증여로 본다(상증법 제42조, 타인기여로 인한 재산가치증가 증여의제).

보험금 증여의제(상증법 제34조) 구정과 예규와의 불일치

생명보험 또는 손해보험에 있어서 보험계약기간 안에 타인으로부터 재산을 증여받아 보험료를 불입하는 자가 보험사고(만기 보험금 지급의 경우를 포함)의 발생으로 보험금을 수취하는 경우에는 상속세 및 증여세법 제34조 제1항의 규정에 의하여 그 보험료불입액에 대한 보험금상당액에서 당해 보험료불입액을 차감한 금액을 보험금수취인의 증여재산가액으로 하는 것이며, 재산을 먼저 증여받은 후 보험계약을 체결하는 등 그 경제적인 실질이 이와 유사한 경우에도 같은법 제2조 제3항 및 제4항의 규정에 의하여 이를 보험금수취인의 증여재산가액으로 하는 것이나, 당해 보험금이 증여자의 사망으로 인하여 지급되는 경우에는 같은법 제8조의 규정에 의하여 이를 상속재산으로 보는 것임(서면4팀-1186, 2007.04.11).

서면4팀-1186 예규상으론 보험계약기간 전에 증여를 받고 증여받은 금액으로 보험료를 불입하는 경우에도 증여재산으로 볼 수 있다고 해석하고 있으나 상증법 제34조에는 보험계약기간 안에라는 규정이 명백히 명시되어 있으므로 법적 안전성을 해하는 유추해석은 조세법률주의에 위배되므로 잘못된 예규이다.

사전증여신고를 한 경우와
신고를 하지 않아 증여세가 부과되는 경우
세금 차이가 많이 나는지요?

포괄적 답변

상증법상 증여를 하면 증여일이 속하는 달의 말일로부터 3개월 내 증여세 신고·납부를 해야 한다. 만일 이를 이행하지 않을 경우에는 신고세액공제 10%를 배제하고 무신고가산세와 납부불성실가산세를 적용한다. 따라서 증여세를 신고하지 않은 경우에는 증여세를 신고한 경우에 비해 3중의 불이익을 받게 된다. 이를 사례를 통해 설명하면 다음과 같다.

세부적 답변

홍길동은 대학 졸업 후인 2011.4.10에 대기업에 입사하자, 이에 부모님이 홍길동 명의로 24평 아파트(취득가액 3.3억원)를 사주셨다. 3년 후인 2014.3.20에 홍길동 주소지 관할 세무서에서 자금출처조사안내문이 발송되어 홍길동이 입사직후라 자금출처로 입증할만한 소득이 없어 증여로 인정되어 증여세(납부기한 2014.7.31)를 부담하게 되었다. 만일 증여 당시인

2011.4.10에 증여세 신고를 자발적으로 한 경우와 세무서에서 자금출처 조사가 나와 증여로 인정되는 경우의 각각 증여세를 비교해 보면 다음과 같다.

	자진신고한 경우	증여추정에 의한 경우
증여세(증여공제 3,000만원)	5,000만원[주1]	5,000만원
신고세액공제(10%)[주2]	5,000만원 × 10% = 500만원	해당사항 없음
가산세	해당사항 없음	2,642만원
① 무신고 가산세(20%)		5,000만원 × 20% = 1,000만원
② 납부불성실 가산세 (연간 10.95%)		5,000만원 × 10.95% × 3년 = 1,642만원
총세금부담액	4,500만원	7,642만원

주1) (3.3억원-0.3억원) × 세율(1억원초과액 × 20% + 1,000만원) = 5,000만원
주2) 신고세액공제는 수증자가 증여받은 날(2011.4.10)이 속하는 달의 말일로부터 3월 이내인
2011.7.31까지 신고하면 산출세액의 10%를 공제한다

위에서 보는 것처럼 증여신고를 자발적으로 한 경우와 세무서에서 자금출처 조사가 나와 증여로 인정되는 경우의 증여세 차이는 무려 3,142만원이다. 즉 자금출처 조사로 인한 증여세는 신고세액공제 10%를 배제하고, 무신고가산세와 납부불성실가산세를 추가로 부담해야 하기 때문에 이런 결과가 나온 만큼 증여로 인한 증여세 신고를 소홀히 하지 않아야 한다.

배우자에게 증여하면 세금이 없다고 하는데
왜 그런가요?

포괄적 답변

상증법상 배우자간 증여에 대하여 10년 단위로 증여재산공제로 6억원
을 공제한다. 따라서 배우자간 증여재산공제 금액 이하로 증여를 하게 되
면 증여세 부담없이 재산이전을 할 수 있다.

세부적 답변

1. 증여재산공제

거주자가 친족으로부터 증여를 받은 때에는 증여가액에서 다음 금액을
공제한다.

구　　　분	10년 단위 공제액
배우자(법률혼만 인정)로부터 증여받은 경우	6억원
직계존·비속으로부터 증여받은 경우주1)	3,000만원, 다만 미성년자가 직계존속으로부터 증여받은 경우에는 1,500만원

6촌 이내의 혈족, 4촌 이내의 인척으로부터 증여받은 경우	500만원

주1) 보충설명

- 계부(모)자의 관계 또는 계조부(모)와 손자의 관계는 직계존비속에 해당됨. 다만 혼인중인 경우에만 직계존비속으로 보므로 배우자가 사망하여 혼인관계가 해소된 경우에는 인척으로 보아 500만원만 공제한다(재산-584, 2011.12.08).
- 시부모와 며느리의 관계 또는 사위와 장인·장모 관계는 직계존비속에 해당하지 아니하며 기타 친족에 해당한다.
- 외조부모와 외손자는 직계존비속 관계임.
- 혼인외 출생자는 직계존비속에 해당하는 것이나 혼인 외 출생자인지의 여부는 친생자확인 소송 등에 의하여 납세의무자가 입증하여야 한다.
- 성인인 자녀가 부모로부터 동시에 재산을 증여받은 경우 증여재산공제액은 모두 3,000만원이다.

2. 적용방법

증여재산공제는 위와 같이 세가지 종류를 구분하여 각각 적용한다. 수증자를 기준으로 같은 종류의 것은 10년간 한번 공제하므로 증여시기를 달리하는 둘 이상의 증여가 있는 경우 먼저 증여받은 증여재산가액부터 순차로 증여재산공제를 하며, 동시에 둘 이상의 증여가 있는 경우에는 증여재산공제를 증여재산가액으로 안분하여 공제한다.

자금출처조사란 무엇이고,
대상자 선정은 어떻게 이루어지나요?

포괄적 답변

자금출처조사란 본인의 직업, 소득, 나이 및 재산 등을 고려하여 과도한 부동산 등을 취득하면 해당 자금의 출처를 확인하여, 자금출처가 불분명한 자금은 타인에게 증여를 받은 것으로 보아 증여세를 부과하는 제도이다. 대상자 선정은 국세청 통합전산망(TIS)을 이용해서 부동산, 회원권, 예금 등의 정보를 수집하여 대상자를 선정한다.

세부적 답변

1. 자금출처조사

자금출처조사란 부동산을 취득하거나 고액의 채무를 상환하는 경우 그 취득 또는 상환에 들어간 돈의 출처를 확인하는 조사를 말하며, 조사결과 돈의 출처를 못 밝히는 경우에는 일정 금액을 증여받은 것으로 추정하여 증여세를 부과한다. 이런 자금출처조사에는 서면조사와 실지조사가 있다.

2. 서면조사와 실지조사

(1) 자금출처조사대상 결정

부동산을 취득하게 되면 소유권이전등기를 하게 된다. 이때 작성하는 등기신청서 부본 및 등기신청시 제출한 매매계약서 사본 등이 부동산물건지 관할 세무서를 거쳐 국세청 전산(TIS)에 입력이 된다. 국세청에서는 이렇게 입력된 자료를 매년 출력하여 취득자의 당해연도와 직전 5년간의 소득상황, 자산의 양도·취득 등을 전산분석하여 자금출처조사대상자를 결정한다.

(2) 서면조사와 실지조사

① 자금출처조사대상자로 결정되면 세무서에서는 재산취득에 대한 자금출처소명자료제출안내라는 서류(일명 서면조사라 함)를 보낸다. 이런 통지를 받게 되면 15일 이내에 자금출처와 관련된 증빙을 첨부하여 소명해야 하며, 이에 대한 회신을 누락하거나 자금출처를 소명하지 못하는 경우에는 실지조사를 거쳐 증여세를 부과한다.

② 서면조사시에는 세무공무원을 볼 일이 없기 때문에 자신에게 유리한 자료는 최대한 제출하되, 제출서류에는 과거 5년간의 소득금액증명원, 근로소득원천징수영수증, 예·적금자료, 재산처분자료 및 대출관련자료 등이 있다.

③ 실지조사는 세무조사사전통지서라는 서류가 송부된 후 해당 날에 두세 명의 세무공무원이 직접 나와서 약 2주일에서 길게는 2~3개월까지 실시하게 되는 조사로, 이미 거래상대방에 대한 기본조사와 금융거래내역을 모두 확인한 후에 나오기 때문에 유의하여야 할 것은 조사받는 대상이 되는 자산 말고 예전에 취득한 다른 자산에 대한 조사로 상황이 번지지 않도록 노력해야 한다

자금출처로 입증되는 자료는
어떤 것이 있으며, 입증금액은 전액을
소명해야 하는지요?

포괄적 답변

자금출처로 인정되는 자료는 관할 세무서에 신고한 소득금액, 상속 또는 증여받은 재산가액, 재산처분대금 및 채무부담액(은행 부채 등)으로 관련 증빙서류를 제출하면 되고, 전체 소명할 금액이 10억원 이하면 80%만 입증하면 되고, 10억원을 초과하면 2억원을 제외한 금액을 소명하면 된다.

세부적 답변

1. 자금출처로 인정되는 금액과 근거서류

(1) 신고하였거나 과세 받은 소득금액(비과세 또는 감면받은 경우 포함)

　① 이자소득(인정이자는 제외), 배당소득(의제배당은 제외)은 지급금액에서 원천징수세액을 공제한 금액(이자·배당원천징수영수증)

　② 기타소득은 지급금액에서 원천징수세액을 공제한 금액(기타소득

원천징수영수증)

③ 사업소득, 부동산소득은 소득금액에서 소득세액 상당액을 차감
한 금액(소득금액증명원 등)

④ 급여소득(인정상여는 제외)은 총급여에서 원천징수세액을 공제한
금액(근로소득원천징수 영수증)

⑤ 퇴직소득은 총지급금액에서 원천징수세액을 공제한 금액(퇴직소
득원천징수영수증)

⑥ 기타 신고하였거나 과세 받은 소득금액은 당해 소득에 대한 소
득세 등 공과금 상당액을 차감한 금액

(2) 신고하였거나 과세받은 상속 또는 수증재산의 가액(상속 또는 증여세
신고서)

(3) 재산을 처분한 대가로 받은 금전이거나, 부채를 부담하고 받은 금
전으로 당해 재산의 취득에 직접 사용한 금액 중 다음의 금액

① 본인 소유의 재산으르 서류에 의거 재산처분사실이 확인되는 경
우 그 처분금액(그 금액이 불분명한 경우에는 상속·증여세법에 의하여
평가한 가액)에서 양도소득세 등 공과금 상당액을 차감한 금액(매
매계약서 등)

② 재산취득일 이전에 차용한 부채로서 영 제10조 규정의 방법에
따라 입증(금융거래사실확인원, 채무부담계약서, 채권자확인서, 담보설
정 및 이자지급에 관한 증빙 등)된 금액. 다만 원칙적으로 배우자 및
직계존비속간의 소비대차는 인정하지 아니한다.

③ 재산취득일 이전에 자기재산의 대여로서 받은 전세금 및 보증금
(임대차계약서 등)

(4) 농지경작소득

(5) 기타 자금출처가 명백하게 확인되는 금액

2. 증여추정의 적용배제

다음의 경우에는 재산취득자금·채무상환자금의 증여추정 규정을 적용
하지 않는다.

(1) 취득자금 또는 상환자금이 일정액 이하인 경우

여기서 일정액이란 재산취득일 전 또는 채무상환일 전 10년 이내에 당
해 재산취득자금 또는 당해 채무상환자금의 합계액이 3천만원 이상으로
써 연령·세대주·직업·재산상태·사회경제적 지위 등을 참작하여 국세청장
이 정하는 금액을 말한다. 그 내용은 다음과 같다.

구 분	취 득 재 산		채 무 상 환	총 액 한 도
	주 택	기타재산		
세대주인 경우 • 30세 이상인 자 • 40세 이상인 자	2억원 4억원	5천만원 1억원	5천만원 5천만원	2.5억원 5억원
세대주가 아닌 경우 • 30세 이상인 자 • 40세 이상인 자	1억원 2억원	5천만원 1억원	5천만원 5천만원	1.5억원 3억원
• 30세 미만인 자	5천만원	3천만원	3천만원	8천만원

(2) 취득자금 또는 상환자금의 출처에 관한 충분한 소명이 있는 경우

(3) 입증되지 않은 금액이 다음 기준금액에 미달하는 경우

　　① 취득재산가액 또는 채무상환금액이 10억 이하인 경우에는 취득
　　재산가액 또는 채무상환금액의 20%, 즉 80% 이상을 입증하면

증여추정으로 보지 않는다.

② 취득재산가액 또는 채무상환금액이 10억 초과인 경우에는 2억
원, 즉 전체가액 중 2억원을 차감한 금액을 입증하면 증여추정
으로 보지 않는다.

보험회사의 보험금지급명세서의
제출의무와 보험금 지급명세서 작성대상 내용은
무엇인가요?

포괄적 답변

보험회사는 보험수익자에게 보험금 등을 지급할 때마다 3개월 단위로 보험금 지급명세서를 작성하여 국세청에 제출해야 한다. 다만 2007. 12.31 세법개정으로 지급명세서에 작성대상이 확대되었다. 즉 보험의 해약환급금 및 중도인출금(약관대출은 제외됨)에 대한 자료가 포함되었고, 보험금(해약환급금 및 중도인출금 포함) 지급액이 1,000만원 미만에서 보험금 지급누계액이 1,000만원 미만으로 확대되어, 보험계약을 중도인출하거나 해약하여 중도인출금과 해약환급금을 증여하거나 보험금 지급액을 1,000만원 미만으로 축소시키기 위해 연금·정기금 등으로 분산하여 지급하는 편법이 원천 봉쇄되었다.

세부적 답변

국내에서 다음에 해당하는 자는 지급자별로 지급명세서에 의하여 그 지급일이 속하는 분기종료일의 다음달 말일(보험금을 2011.8.5일에 지급하면 2011.10.31까지 제출)까지 본점 또는 주된 사무소의 소재지를 관할하는 세무서장에게 제출하여야 한다.

   ① 상속재산으로 보는 보험금 또는 증여재산에 해당하는 생명보험·손해보험의 보험금(해약환급금 및 중도인출금을 포함)을 지급하는 자. 다만 보험금 수취인과 보험료불입자가 같은 경우로서 보험금 지급누적액이 1천만원 미만인 경우에는 그러하지 아니한다. 또한 동 규정을 적용함에 있어 보험금을 지급하는 자 중 전산처리시설을 갖춘 자는 보험의 종류·지급보험금액·보험사고발생일·보험금수취인 및 보험계약자 등 보험금 지급내용을 확인할 수 있는 사항을 포함한 내용의 지급명세서를 전산처리된 테이프 또는 디스켓 등으로 제출하여야 한다.

   ② 상속재산으로 보는 퇴직금·퇴직수당·공로금 기타 이와 유사한 금액(연금 제외)을 지급하는 자

여기서 주의할 것은 보험금 수취인과 보험료 불입자가 불일치하는 경우에는 보험금 지급누적액 금액과 상관없이 보험금 전액을 보험금지급명세서에 기재한다는 것이다.

보 험(해약환급)금 지 급 명 세 서

(　　년　　월 ~ 　　월 지급분)

① 일련 번호	② 보험의 종류	③ 보험 증서번호	④ 지급 보험금액	⑤ 지급 유형	⑥ 보험금 지급사유	⑦ 보험 계약일	⑧ 보험사고발생일 (중도해지일)	⑨ 보험금수취인			⑬ 보험료불입자			⑯ 명의 변경일자
								⑩ 성명	⑪ 주민등록번호	⑫ 관계	⑭ 성명	⑮ 주민등록번호	⑯ 관계	

「 상속세 및 증여세법 」 제82조제1항 및 같은 법 시행령 제84조제1항에 따라 보험(해약환급)금 지급명세서를 위와 같이 확인하여 제출합니다.

　　　　　　　　　　　　　　　　　　　　　　　　　　　　　　　　　　　　　　　년　　월　　일

제출자　　상호(법인명)
　　　　　사업자 등록번호
　　　　　소재지
　　　　　성명(대표)　　　　　　　　(서명 또는 인)

세무서장 귀하

1. 이 보험(해약환급)금 지급명세서에는 모든 생명보험금 또는 손해보험금 지급내용을 적습니다. 다만, 보험금 수취인과 보험료 불입자가 같은 경우로서 보험(해약환급)금지급 누계액이 1,000만원미만인 경우에는 적지 아니합니다.
2. ⑤란에는 연금·정기금·일시금으로 구분하여 적습니다.
3. ⑥란에는 사망, 만기지급, 중도해약, 기타로 적습니다.
4. ⑨란에는 중도해약으로 인한 해약환급금 지급인 경우에는 해약환급금 수령인을 적습니다.
5. ⑬란에는 사망으로 인한 보험금 지급의 경우에는 보험계약자, 기타 보험계약자, 기타 보험사고로 인한 보험금 지급의 경우에는 보험료불입자의 인적 사항을 적습니다.
6. ⑯란에는 보험(해약환급)금 지급시 명의변경된 경우 최종 명의변경일자를 적습니다.

260mm×190mm (신문용지 54g/㎡)

지출분석(PCI) 시스템이 무엇인가요?

포괄적 답변

2010년에 도입된 제도로 본인의 소득금액과 재산증가액보다 지출규모가 더 큰 경우에는 해당 자금을 증여 받았거나, 자영업자의 경우에는 매출누락으로 보아 세무조사를 하는 시스템이다. 따라서 과거의 자금출처 조사와 매출누락에 대한 세무조사를 합한 시스템으로 고소득자영업자를 주요 대상으로 한 제도이다.

세부적 답변

신용카드·현금영수증 사용 확대 추진, 고소득자영업자 개별관리 실시 및 세무조사 강화 등을 적극 추진하여 세금탈루방지에 상당한 성과를 거뒀으나 수입금액 노출을 은폐하기 위해 현금거래하거나 납부능력이 없는 제 3자 이름을 빌려 차명으로 사업하는 등 지능적 탈세에 대한 근원적 대응에는 한계가 있어 소득-지출 분석시스템을 2010년 5월부터 새로 개발

·도입하였다.

소득-지출분석(PCI) 시스템은 세무서에 신고한 소득금액과 재산증가액인 예금·부동산·주식·회원권 등의 취득가액과 소비지출액인 해외체류비(해외여행비 등)·신용카드 및 현금영수증 사용액 등 합산 비교하여 그 차액이 큰 경우에는 동 금액을 탈루혐의금액으로 보아 세무조사시 합리적·객관적 자료에 의해 소명하지 못할 경우에는 당해 사업자의 수입금액 누락 등으로 과세할 계획이다. 따라서 소득-지출분석(PCI) 시스템은 소득증가액을 조사하는 과정에서 과도한 재산 증가가 발생하면 자금출처조사를 할 수 있고, 소득에 비해 지출이 크면 타인에게서 증여를 받았거나 자영업자의 경우에는 매출누락한 것으로 추정하여 이 부분을 집중적으로 세무조사를 하게 된다.

노란우산공제제도란 무엇인가요?

포괄적 답변

노란우산공제제도는 일종의 자영업자를 위한 퇴직금제도로, 세제적격 연금마냥 부금을 납입하면 연간 300만원을 한도로 소득공제하고, 일정 사유로 공제금을 받으면 이자소득이나 기타소득으로 과세하는 제도이다.

세부적 답변

1. 노란우산공제제도의 의의

노란우산공제제도는 중소기업협동조합법에 따라서 상부상조의 정신에 따라 만들어진 제도로 소기업자와 소상공인이 폐업, 사망 또는 노령 등의 공제사유가 발생하였을 때 사업재기, 생활안정을 위한 퇴직금제도이다. 이 제도는 근로자들이 퇴직시에 받는 퇴직금과 같은 역할을 하도록 소기업·소상공인 지원시책에 입각하여 중소기업청이 감독하고 비영리 공익법인인 중소기업중앙회가 운영하는 제도이다.

2. 공제요건

① 소기업자 또는 소상공인이어야 한다.

소기업, 소상공인의 범위	
상시 근로자 50명 미만 업종	상시 근로자 10명 미만 업종
광업, 제조업, 건설업, 운송업	도매업, 소매업, 서비스업, 기타 업종

☞ 소기업자와 소상공인은 사업주 또는 법인의 대표이어야 한다. 따라서 직원이나 대표이사 이외의 임원은 가입할 수 없다.

② 사업자등록증상 사업을 영위한 기간이 계약청약일 현재 1년 이상이어야 한다.

③ 제한 업종(조점업, 무도장 운영업, 도박장 운영업, 의료행위가 아닌 안마업)에 해당되지 않아야 한다.

3. 소득공제

해당년도의 부금납입액을 300만원을 한도로 해당년도의 종합소득금액에서 공제한다.

4. 공제금 지급사유와 이자소득세 과세

약관에서 정한 공제사유가 발행한 경우에는 공제금을 지급한다. 즉 폐업, 법인해산, 사망, 질병·부상으로 법인대표 퇴임, 노령급부(계약자가 만 60세 이상이고, 부금납부월수가 120개월 이상인 경우)청구가 공제 사유가 되고, 공제금에서 납부원금을 차감한 잔액에 대하여 이자소득으로 보아 15.4%의 원천징수를 한다.

5. 해약환급금과 기타소득세 과세

해약에는 간주해약과 일반해약이 있고, 그 해약형태에 따라 그 환급금이 차등화 되어 있다. 또한 소득세법 제21조에 따라 해약과세표준을 기타소득으로 보아 소득세를 원천(22%)징수한다. 다만 계약해지 전 6개월 이내에 ① 천재지변, ② 공재가입자의 해외이주, ③ 공제가입자의 3개월 이상의 입원치료 또는 요양을 요하는 상해, 질병의 발생, ④ 공제사업자의 해산이 발생하면 이자소득으로 적용 받을 수 있다.

- 기타소득(과세표준)금액 = 해약환급금 − 실제 소득공제 받은 금액을 초과하여 부금납부금액
- 기타소득(원천징수세액)세 = 기타소득금액 × 22%

유쾌한 박세무사의 한마디!

소득공제로 인한 절세효과

노란우산공제제도는 년 300만원까지 소득공제가 가능하고 이로 인한 소득세 절감효과는 과세표준에 적용하는 세율, 즉 한계세율에 따라 소득세 절감효과가 달라진다. 이를 정리해보면 다음과 같다.

과세표준	2012년 이후 세율	한계세율 (지방소득세 포함)	절세효과[주1]
1,200만원 이하	6%	6.6%	198,000원
4,600만원 이하	1,200만원 초과금액의 15% +72만원	16.5%	495,000원
8,800만원 이하	4,600만원 초과금액의 24%+582만원	26.4%	792,000원
3억원 이하	8,800만원 초과금액의 35%+1,590만원	38.5%	1,155,000원
3억원 초과	3억원 초과금액의 38%+9,010만원	41.8%	1,254,000원

주1) 소득세 절세효과는 소득공제(300만원)액에 한계세율(지방소득세 포함)을 곱해서 계산한다. 따라서 동일한 소득공제액이라 하더라도 한계세율이 높은 고소득자가 저소득자보다 훨씬 유리한 절세효과를 얻을 수 있다.

세금을 체납할 경우 보험계약을 한 부분에
대해서도 압류가 들어오나요?
만일 압류가 들어오기 전에 보험계약의
명의변경을 할 경우엔 어떻게 되나요?

포괄적 답변

납세자가 조세를 납부하지 않으면 과세관청은 체납처분절차를 밟는다. 따라서 당해 납세자가 보험계약을 한 것이 있으면 당연히 동 보험계약에 대하여 압류를 할 수 있는데, 납입액이 300만원 미만인 보장성보험의 보험금·해약환급금·만기환급금은 압류금지 재산이므로 압류를 할 수 없다. 또한 국세를 면탈할 목적으로 보험계약의 명의를 변경한 경우에는 사해행위의 취소대상에 해당된다.

세부적 답변

1. 압류금지재산(국징법 제31조)

다음 각호의 재산은 이를 압류할 수 없다.
① 체납자와 그 동거가족의 생활상 없어서는 안될 의복·침구·가구와 주방구

② 체납자와 그 동거가족이 필요한 3월간의 식료와 연료

③ 실인 기타 직업에 필요한 인장

④ 제사·예배에 필요한 물건·석비와 묘지

⑤ 체납자 또는 그 동거가족의 상사·장례에 필요한 물건

⑥ 족보 기타 체납자의 가정에 필요한 장부·서류

⑦ 직무상 필요한 제복·법의

⑧ 훈장 기타 명예의 증표

⑨ 체납자와 그 동거가족의 수학상 필요한 서적과 기구

⑩ 발명 또는 저작에 관한 것으로서 공표되지 아니한 것

⑪ 법령에 의하여 급여하는 사망급여금과 상이급여금

⑫ 의료·조산의 업 또는 동물진료업에 필요한 기구·약품 기타 재료

⑬ 납입액이 300만원 미만인 보장성보험의 보험금·해약환급금·만기환급금과 개인별 잔액이 120만원 미만인 예금(적금·부금·예탁금과 우편대체를 포함한다)을 말한다(2008.02.22 신설). 여기서 개인별 잔액은 체납자의 전체 금융기관에 개설한 계좌의 잔액을 의미하는 것이다(징세과-1247, 2009.3.4).

2. 사해행위취소 대상여부

계약자 및 피보험자가 사업자이며 수익자는 자녀인 종신보험에 가입한 사업자가 고액의 세금을 체납하고 계약자와 수익자를 자신의 처로 변경한 후 보험계약을 해약했다면 해약환급금은 해약 당시의 계약자에게 귀속하므로 종전계약자(사업자)체납에 대하여 해약환급금을 압류할 순 없지만, 체납자가 체납처분을 회피할 목적으로 계약자 명의를 변경한 경우에는 국세징수법 제30조에 의하여 사해행위의 취소의 소를 제기할 수 있다(서면1팀-582, 2005.5.3).

세금을 체납하면 어떤 불이익이 있나요?

포괄적 답변

세금을 체납하게 되면 체납액에 가산금과 중가산금이 부과되고, 체납액이 일정금액 이상이면 체납 또는 결손처분 자료가 신용정보기관 등에 제공되어 신용불량자로 등록되고, 고액상습체납자는 본인의 인적사항 등이 공개된다. 그리고 체납처분을 회피할 우려가 있다고 인정되는 자는 국세청장은 법무부장관에게 출국금지를 요청한다.

세부적 답변

1. 가산금 부과

납세자가 납세고지서를 받고도 세금을 납부하지 않으면 체납된 국세에 3%의 가산금이 부과되며, 체납된 국세가 100만원 이상인 경우에는 매 1개월이 지날 때마다 1.2%의 중가산금이 5년 동안 부과된다.

2. 체납 또는 결손처분 자료의 제공(국징법 제7조의 2)

세무서장은 다음에 해당하는 경우 신용정보기관(전국은행연합회) 등에 체납자 또는 결손처분자의 인적사항·체납액 또는 결손처분액에 관한 자료(이하 체납 또는 결손처분자료라 한다)를 제공하며, 자료가 제공되면 신용불량정보로 등록되어 신규 대출의 중단, 신용카드 발급 제한 등 각종 금융제재를 받을 수 있다. 다만 2010년부터 2011년까지는 아래의 금액 기준을 1,000만원으로 한다.

① 체납발생일부터 1년이 지나고 체납액이 500만원 이상인 자
② 1년에 3회 이상 체납하고 체납액이 500만원 이상인 자
③ 결손처분액이 500만원 이상인 자

3. 고액·상습체납자 명단 공개(국기법 제85조의 5)

국세청장은 다음에 해당하는 자의 인적사항 등을 공개할 수 있다.
① 체납발생일부터 1년이 지난 국세가 5억원 이상인 체납자의 인적사항, 체납액 등
② 불성실기부금수령단체의 인적사항·국세추징명세 등
③ 조세범처벌법에 따른 범죄로 유죄판결이 확정된 자로서 특정범죄 가중처벌 등에 관한 법률 제8조에 따라 가중처벌되는 자의 인적사항, 포탈세액 등

4. 출국금지 요청 등(국세징수법 제10조의5와 6)

국세청장은 정당한 사유없이 5천만원 이상의 국세를 체납한 자 중 관할세무서장이 압류, 공매 등으로 조세채권을 확보할 수 없고, 체납처분을 회피할 우려가 있다고 인정되는 다음의 자에 대하여 법무부장관에게 출

국금지를 요청하여야 한다.

① 배우자 또는 직계존비속이 국외로 이주(국외에 3년 이상 장기체류 중인 경우를 포함한다)한 자
② 출국금지 요청일 현재 최근 2년간 미화 5만달러 상당액 이상을 국외로 송금한 자
③ 미화 5만달러 상당액 이상의 국외자산이 발견된 자
④ 「국세기본법」 제85조의5 제1항 제1호에 따라 명단이 공개된 고액·상습체납자
⑤ 출국금지 요청일부터 최근 1년간 체납액이 5천만원 이상인 상태에서 사업목적, 질병 치료, 직계존비속의 사망 등 정당한 사없이 국외출입 횟수가 3회 이상인 자
⑥ 국세징수법 제30조에 따라 사해행위 취소소송 중이거나 국세기본법 제35조 제4항에 따라 제3자와 짜고 한 거짓계약에 대한 취소소송 중인 사람
☞ 체납액이 5,000만원 이상이라고 무조건 출국금지가 되는 것은 아니고 그러한 체납자 중 위 사유에 해당하는 자만 적용대상이다.

역모기지론(주택연금)이 무엇인가요?

포괄적 답변

주택을 소유하고 있지만 특별한 소득원이 없는 고령자에게 주택을 담보로 노후생활에 필요한 자금을 연금 형태로 대출해주는 상품이다. 주택을 담보로 한 장기대출의 한 형태로, 시간이 흐를수록 대출 잔액이 늘어나고 주택을 처분한 후 원리금을 일괄 상환하는 방식이다. 부동산을 담보로 장기주택자금을 대출받는 모기지론과 자금의 흐름이 반대이기 때문에 이러한 이름이 붙여졌다. 또한 소득세법에서는 일정 조건을 충족한 주택연금을 지급받을 경우 연금 지급연도에 발생한 이자상당액을 연금소득금액에서 200만원을 한도로 소득공제하는 제도를 두고 있다.

세부적 답변

역모기지론(주택연금)은 2007년 7월에 도입한 제도로 1세대 1주택을 금융기관에 담보로 맡기고 매월 일정금액을 연금으로 받는 상품을 말한다.

주택연금대출한도는 5억원이고 수시인출금 한도는 대출한도 대비 50%(2.5억원)이다. 연금 지급방식은 종신지급방식과 종신혼합방식이 있는데 종신지급방식은 부부가 모두 사망할 때까지 매월 일정금액을 지급하는 방식으로 정액형, 증가형, 감소형이 있다. 또한 종신혼합방식은 대출한도의 50% 내에서 개별인출을 허용하고, 나머지 부분에 대해 매달 일정금액을 종신토록 지급하는 방식이다.

예를 들어 60세 가입자가 3억원 짜리 정액형 종신지급방식을 채택하면 매월 709,000원을 부부가 모두 사망할 때 까지 지급 받는다. 마지막으로 소득세법상 거주자가 일정조건을 갖춘 주택연금을 수령하면 매년 부담하는 이자비용을 연금소득금액에서 연간 200만원을 한도로 소득공제를 한다.

소득세법상 일정조건은 다음과 같다.

① 한국주택금융공사법에 따른 주택담보노후연금보증을 받아 지급받은 주택담보노후연금일 것. 즉 소유자의 연령이 보증신청일 현재 만 60세 이상이고, 배우자가 있는 경우에는 배우자 역시 만 60세 이상이면서, 보증신청일 현재 소유자와 배우자가 주택(주택법상 주택과 노인복지주택을 말함)을 1채만을 소유하고 있을 것. 또한 권리침해(경매신청, 압류, 가압류, 가처분, 가등기 등)가 없는 주택이면서 저당권 및 전세권, 임대차계약이 없는 주택이어야 한다.

② 주택담보노후연금 가입당시 담보권의 설정대상이 되는 주택(연금소득이 있는 거주자의 배우자명의의 주택을 포함)의 기준시가가 9억원 이하일 것

해외금융계좌의 신고제도가 무엇인가요?

포괄적 답변

2010년 세법개정으로 2011년도부터는 거주자와 내국법인 중에서 해외
계좌잔액이 1년 중 하루라도 10억원을 초과하는 경우에는 다음연도 6월말
까지 해외금융계좌신고를 허야 한다. 따라서 이를 위반할 경우에는 일정
과태료가 부과되고, 과태료가 부과되기 전에 신고의무자가 자발적으로 수
정신고 또는 기한후 신고를 할 경우에는 과태료의 일정률을 감면한다.

세부적 답변

1. 해외금융계좌의 신고(국조법 제34조)

해외금융기관에 개설된 해외금융계좌를 보유한 거주자 및 내국법인 중
에서 해당 연도 중에 어느 하루라도 보유계좌잔액(보유계좌가 복수인 경우에
는 각 계좌잔액을 합산한다)이 10억원을 초과하는 자는 다음 연도 6월 1일부
터 30일까지 납세지 관할 세무서장에게 신고하여야 한다(2010.12.27 신설).

다만 소득세법 제3조 제1항 단서에 따른 외국인 거주자 및 재외동포의 출입국과 법적지위에 관한 법률」 제2조 제1호의 재외국민으로서 해당 신고대상 연도 종료일 2년 전부터 국내에 거소를 둔 기간의 합계가 1년 이하인 자는 신고의무를 면제한다.

2. 과태료(국조법 제35조)

신고의무자가 신고기한 내에 해외금융계좌정보를 신고하지 아니하거나 과소 신고한 경우에는 다음의 과태료를 부과한다.

미신고 또는 과소신고금액	과태료[주1]
20억원 이하	미신고 또는 과소신고금액의 4%
20억원 초과 50억원 이하	8,000만원 + 20억원 초과금액의 7%
50억원 초과	2.9억원 + 50억원 초과금액의 10%

주1) 위반행위의 정도, 위반횟수, 위반행위의 동기와 결과 등을 고려하여 해당 과태료 금액의 2분의 1의 범위에서 감경하거나 가중할 수 있다. 다만, 가중하는 경우에는 미신고 또는 과소신고금액의 10%를 한도로 적용한다.

3. 수정신고와 기한후신고(국조법 제37조)

해외금융계좌신고를 다음연도 6.30까지 신고했으나 과소신고 또는 잘못 신고한 경우로써 과태료가 부과되기 전에 수정신고서를 제출한 경우와 해외금융계좌신고를 다음연도 6.30까지 미신고 하였으나 과태료가 부과되기 전에 기한후신고서를 제출한 경우에는 다음과 같은 감면을 적용한다.

감면 사유[주1]	수정신고시 감면율	기한후신고시 감면율
6개월 이내	50%	50%
6개월 초과, 1년 이내	20%	20%
1년 초과, 2년 이내	10%	감면 배제

주1) 과세당국이 과태료를 부과할 것을 미리 알고 제출한 경우에는 감면을 배제한다

PART 02

보험계약자가
법인인 경우

Chapter 01

단체보장성보험과 정기보험

세법상 단체보장성보험의 세제혜택은 무엇인가요?

포괄적 답변

세법상 단체보장성보험에 해당하는 경우에는 소득세법상 급여에 해당하지만 연간 70만원 이내의 금액은 비과세대상으로 본다.

세부적 답변

종업원의 사망·상해 또는 질병을 보험금의 지급사유로 하고 종업원을 피보험자와 수익자로 하는 보험으로서 만기에 납입보험료를 환급하지 아니하는 보험(단체순수보장성보험)과 만기에 납입보험료를 초과하지 아니하는 범위 안에서 환급하는 보험(단체환급부보장성보험)의 보험료 중 년 70만원 이하의 금액은 근로소득으로 보지 않는다(소령 제38조). 즉 계약자가 법인이고, 피보험자와 수익자가 임·직원인 경우에는 원칙적으로 해당 임·직원의 급여로 보지만 소득세법 시행령 제38조에 의해 연간 70만원 이하의 금액에 대하여는 예외적으로 비과세 혜택을 부여한 것이다.

단체보험과 개인보험의 단체보장성보험 여부

단체보험이란 단체의 종업원 전체(통상 5인 이상)를 대상으로 하여 단체심사를 통한 일괄계약·일괄인수를 하는 E2B계약으로 계약자는 법인, 피보험자와 수익자는 종업원하고, 종업원의 퇴직, 입사에 따라 피보험자를 교체하거나 추가가입이 가능한 상품이다.

다만 소득세법에서는 이러한 단체보험 뿐만 아니라 종업원의 사망·상해 또는 질병을 보험금의 지급사유로 하고 종업원을 피보험자와 수익자로 하는 보험으로서 만기에 납입보험료를 환급하지 아니하는 보험과 만기에 납입보험료를 초과하지 아니하는 범위 안에서 환급하는 보험을 대상으로 하기 때문에 단체보험이 아닌 개인보험(근로자재해보장책임보험, 정기보험 등)도 비과세 적용을 받을 수 있다. 다만 종신보험은 단체보장성보험에 해당하지 않는다(서면1팀-389, 2005.4.11.).

법인이 보험계약을 할 때 수익자가
법인인 경우와 임직원인 경우에 각각
회계처리가 달라지는데, 각각의 회계처리
기준은 무엇이고 근거법령은 무엇인가요?

포괄적 답변

법인이 보험계약을 하고 납입한 보험료에 대한 회계처리 지침은 예규 (서면2팀–1631, 2006.8.28)를 따른다. 즉 계약자와 법인이고, 피보험자와 수익자가 임직원이면 당해 임직원의 급여로 본다. 다만 단체보장성보험에 해당할 경우에는 연간 70만원 이내의 금액을 소득세법상 근로소득 비과세 대상으로 보아 복리후생비로 처리하면 된다. 또한 계약자와 수익자가 법인이고, 피보험자가 임직원이면 법인이 납입한 보험료 중 만기환급금에 상당하는 보험료는 자산처리하고, 기타부분은 비용처리한다.

세부적 답변

1. 계약자가 법인이고, 피보험자와 수익자가 임직원인 경우

법인이 계약자이고 피보험자와 수익자가 임·직원인 단체보장성보험 또는 정기보험에 가입하고 보험료를 납부한 경우에는 동 금액을 당해 임

·직원의 급여로 보아 갑종근로소득세를 원천징수하되(통칙19-19-8, 서면2팀-1631, 2006.8.28), 연간 70만원 이내의 금액에 대해서는 근로소득으로 보지 않는다. 또한 임원에게 지급하는 상여금 중 정관·주주총회 또는 이사회 결의에 의하여 결정된 급여지급기준에 의한 금액을 초과하여 지급하는 금액은 손금에 산입하지 않는다(법령 제43조).

2. 계약자와 수익자가 법인이고, 피보험자가 임직원인 경우

법인이 납입한 보험료 중 만기환급금에 해당하는 보험료 상당액은 자산(보험예치금)으로 처리하고, 기타의 부분은 이를 보험기간의 경과에 따라 손금에 산입한다.

따라서 단체보장성보험과 정기보험 중 순수보장성 보험의 경우에는 보험료 불입액 전액을 비용(손금)처리하고, 만기환급금이 있는 단체보장성보험과 정기보험의 경우에는 불입한 보험료 중 만기환급금에 해당하는 부분은 자산(보험예치금) 처리하고, 그 외의 부분은 보험료로 비용(손금)처리한다.

3. 회계처리 예시

단위 : 만원	수익자가 종업원	수익자가 법인(만기환급률 60%)
보험료 납입	복리후생비 70 / 현금 100 급여 30 /	보험료 40 / 현금 100 보험예치금 60 /

Chapter 02

종신보험과 연금보험

법인이 종신보험 또는 연금보험계약을 한
경우로써 계약형태가 계약자가 법인, 피보험자와
수익자가 임직원인 경우 보험료 납입,
보험금 수령, 중도해지 및 약관대출(중도인출 포함)을
할 때 각각의 회계처리는 어떻게 하는지요?

포괄적 답변

보험료를 납입할 때는 급여로 회계처리하고, 보험금을 수령할 경우에는 회계처리가 없다. 또한 중도해지를 할 경우에는 해약환급금 전액을 보험차익으로 인식하고, 약관대출(중도인출 포함)을 할 경우에는 단기차입금(중도인출은 선수금)으로 회계처리한다.

세부적 답변

1. 보험료 불입시 과세문제

법인이 계약자이고 피보험자와 수익자가 임·직원인 종신(연금)보험에 가입하고 보험료를 납부한 경우에는 동 금액을 당해 임·직원의 급여로 보아 갑종근로소득세를 원천징수한다(통칙19-19-8, 서면2팀-1631, 2006.8.28). 다만 임원에게 지급하는 상여금 중 정관·주주총회 또는 이사회 결의에 의하여 결정된 급여지급기준에 의한 금액을 초과하여 지급하는 금액은 손금에 산입하지 않는다(법령 제43조).

2. 보험금 수령시 과세문제

보험사고가 발생하여 보험금이 발생하면 보험금 수령권은 임·직원에게 있으므로 당해 법인은 회계처리가 없다. 또한 임·직원이 수령한 보험금에 대해선 근로소득이나 퇴직소득으로 보지 않고 간주상속재산(종신보험의 경우)가액 또는 소득세 과세제외 대상(연금이 개시되어 연금을 수령한 경우)으로 본다.

3. 중도해지시

보험료를 불입하던 중 보험계약을 해지한 경우에는 계약자인 법인에게 해약환급금이 귀속되므로 보험차익으로 수익(익금)처리한다.

4. 약관대출과 중도인출 및 추가납입

약관대출의 경우에는 해약환급금 범위내에서 대출이 이루어지는 것으로 대출액은 단기(장기)차입금으로 처리하고 이와 관련 이자는 이자비용으로 인식한다. 또한 유니버셜 기능에 의한 중도인출은 선수금으로 처리하고 이와 관련 수수료는 지급수수료로 처리한다. 이와 반대로 추가납입에 대하여는 전액 급여로 회계처리한다.

5. 회계처리

상 황	회 계 처 리
보험료 납입	급여 100 / 보통예금 00
보험금 수령	회계처리 없음
중도해지	보통예금 70 / 보험차익 70
약관대출	보통예금 30 / 단기차입금 30
중도인출	보통예금 30 / 선수금 30
추가납입	급여 20 / 보통예금 20

법인이 종신보험 또는 연금보험계약을 한 경우로써
계약형태가 계약자와 수익자가 법인이고,
피보험자가 임직원인 경우 보험료 납입,
보험금 수령, 중도해지 및 약관대출(중도인출 포함)을
할 때 각각의 회계처리는 어떻게 하는지요?

포괄적 답변

보험료를 납입하거나 추가납입하면 자산(보험예치금)으로 회계처리하고, 보험금을 수령하거나 중도해지를 하면 납입한 보험료보다 많은 보험금(해약환급금)을 받으면 초과부분을 보험차익으로, 적게 받으면 미달부분을 보험차손으로 회계처리한다. 또한 약관대출(중도인출 포함)을 할 경우에는 단기차입금으로 회계처리하고, 중도인출을 할 경우에는 보험예치금을 상계한다.

세부적 답변

1. 보험료 불입시 과세문제

종원업과 임원을 피보험자로 하고, 계약자와 수익자를 법인으로 하는 종신(연금)보험에 가입한 경우에는 법인이 납입한 보험료 중 만기환급금에 상당하는 보험료 상당액은 자산으로 계상하고, 기타의 부분은 이를 보험기간의 경과에 따라 손금에 산입한다. 따라서 보험유지기간이 통상 연금보험은 6년, 종신보험 20년 이상이면 (만기)환급금이 납입한 보험료보다 더 크기 때문에 보험료 불입액 전액을 자산처리한다.

2. 보험금 수령시 과세문제

보험사고가 발생하여 보험금이 발생하면 보험금 수령권은 법인에게 있으므로 보험금 중 그동안 자산(보험예치금)으로 계상한 금액을 초과하는 부분은 보험차익으로 회계처리하고, 미달하는 경우에는 보험차손으로 회계처리한다. 또한 보험금을 해당 임직원(또는 유가족)에게 지급하는 경우에는 임직원의 급여로 보되, 지급사유가 유족급여 등(소법 제12조, 상증법 제10조)에 해당되면 소득세나 상속세를 부과하지 않는다.

3. 중도해지시

보험료를 불입하던 중 보험계약을 해지한 경우에는 계약자인 법인에게 해약환급금이 귀속되므로 그동안 자산으로 처리한 보험예치금을 초과하는 금액은 보험차익으로, 미달하는 금액은 보험차손으로 회계처리한다.

4. 약관대출과 중도인출 및 추가납입

약관대출의 경우에는 해약환급금 범위내에서 대출이 이루어지는 것으로 대출액은 단기(장기)차입금으로 처리하고 이와 관련 이자는 이자비용으로 인식한다. 또한 유니버셜 기능에 의한 중도인출은 보험예치금 감소로 처리하고 이와 관련 수수료는 지급수수료로 처리한다. 이와 반대로 추가납입에 대하여는 전액 보험예치금 계정으로 회계처리한다.

5. 회계처리

상 황	회 계 처 리
보험료 납입	보험예치금 100 / 보통예금 100
보험금 수령	보통예금 300 / 보험예치금 100 / 보험차익 200
보험금 지급(지급사유는 근로기준 법 등에 의한 상해 등)	급여(비과세) 300 / 보통예금 300
중도해지	보통예금 70 / 보험예치금 100 보험차손 30 /
약관대출	보통예금 30 / 단기차입금 30
중도인출	보통예금 30 / 보험예치금 30
추가납입	보험예치금 20 / 보통예금 20

Chapter 03

CEO 플랜

급여와 배당 및 퇴직금 중 어느 것이 세금이 제일 많나요?

포괄적 답변

급여와 배당 및 퇴직금 중 세금이 제일 많은 것은 급여이고, 그 다음으로는 배당 및 퇴직금 순이다. 즉 급여는 근로소득공제와 근로소득세액공제가 있지만 배당의 배당세액공제보다 공제금액이 작고, 퇴직금의 퇴직소득공제와 연분연승법에 의한 절세혜택이 배당의 배당세액공제보다 훨씬 크기 때문에 급여, 배당, 퇴직금 순으로 세금이 적어진다.

세부적 답변

급여를 받으면 근로소득공제와 근로소득세액공제를 적용하여 근로소득세를 계산하고, 배당은 이자소득과 합산하여 연간 4,000만원 이하면 15.4%로 분리과세로 과세가 종결하고, 연간 4,000만원을 초과하면 금융소득종합과세를 하되 배당소득에 대해서는 배당세액공제를 적용하여 소득세를 계산한다. 마지막으로 퇴직금에 대해서는 퇴직소득공제와 연분연승법을 이용하여 퇴직소득세를 계산한다. 각 소득별 소득공제 내용을 정리해 보면 다음과 같다.

1. 급여

(1) 근로소득공제

총급여액	근로소득공제
500만원 이하	총급여액의 80%
500만원 초과 1,500만원 이하	400만원 + 500만원 초과금액의 50%
1,500만원 초과 3,000만원 이하	900만원 + 1,500만원 초과금액의 15%
3,000만원 초과 4,500만원 이하	1,125만원 + 3,000만원 초과금액의 10%
4,500만원 초과	1,275만원 + 4,500만원 초과금액의 5%

(2) 근로소득세액공제(소법 제59조)

근로소득에 대한 종합소득산출세액	근로소득세액공제
50만원 이하	산출세액의 55%
50만원 초과	275,000원 + 50만원 초과분의 30%(50만원 한도)

2. 배당

배당소득의 원천인 법인소득은 법인단계에서 법인세로 과세되고 주주단계에서 다시 소득세가 과세되므로 이중과세되는 문제가 발생하여, 이를 조정하기 위한 제도가 Gross-up 제도이다. 즉 법인단계에서 법인세를 부담하지 않고 배당을 했을 때 주주가 받을 수 있었던 금액을 배당된 것으로 간주하여 이를 총수입금액에 가산(배당소득가산액)하고 동시에 같은 금액을 배당세액공제로 산출세액에서 공제하여 소득세를 결정하는 것이다.

① 배당세액공제 : Gross-up 금액(11%)
② 한도 : 종합소득산출세액 - 비교산출세액

3. 퇴직금

(1) 퇴직소득공제

퇴직소득공제는 비례공제와 근속연수공제의 합계금액으로 한다.

① 비례공제 : 퇴직급여액의 40%
② 근속연수공제

근속연수	근속연수공제
5년 이하	30만원 × 근속연수
5년 초과 10년 이하	150만원 + 50만원 × (근속연수 - 5년)
10년 초과 20년 이하	400만원 + 80만원 × (근속연수 - 10년)
20년 초과	1,200만원 + 120만원 × (근속연수 - 20년)

☞ 근속연수가 1년 미만의 기간이 있을 때에는 이를 1년으로 본다

(2) 연분연승법에 의한 기본세율이란 "과세표준/근속연수×기본세율 ×근속연수"를 말한다.

4. 계산사례

홍길동은 급여, 배당, 퇴직소득으로 각각 5억원을 받은 경우, 부담할 세액을 각각 계산해 보면 다음과 같다. 다만 타소득과 원천징수세액은 없고, 종합소득공제는 1,000만원으로 가정하고, 근속연수는 10년으로 가정한다. 그리고 기본세율은 다음과 같다.

과세표준	2010년 이후
1,200만원 이하	6%
4,600만원 이하	1,200만원 초과금액의 15% + 72만원
8,800만원 이하	4,600만원 초과금액의 24% + 582만원
3억원 이하	8,800만원 초과금액의 35% + 1,590만원
3억원 초과	3억원 초과금액의 38% + 9,010만원

(1) 근로소득세

총급여(비과세 제외)	500,000,000
− 근로소득공제	35,500,000
= 근로소득금액	464,500,000
− 종합소득공제	10,000,000
= 과세표준	454,500,000
× 기본세율(6%~38%)	한계세율 38%
= 산출세액	148,810,000
− 근로소득세액공제	500,000
= 근로소득세	148,310,000
지방소득세(근로소득세의 10%)	14,831,000
합계	163,141,000

(2) 배당소득세

배당소득	500,000,000
+ 배당소득가산액(Gross-up 금액, 11%)	4.6억원×11%=50,600,000
= 배당소득금액	550,600,000
− 종합소득공제	10,000,000
= 과세표준	540,600,000
× 특례세율(6%~35%)	한계세율 38%
= 특례산출세액주1)	171,928,000
− 배당세액공제	50,600,000
① 공제액	50,600,000
② 한도액	95,910,000
= 배당소득세	121,328,000
지방소득세(배당소득세의 10%)	12,132,800

합계	133,460,800

주1) max(①, ②)
① (540,600,000–40,000,000) × 기본세율 + 560만원 = 171,928,000
② (540,600,000–540,600,000) × 기본세율 + 5억원 × 14% = 70,000,000

(3)퇴직소득세

퇴직급여액(비과세 제외)	500,000,000
= 퇴직소득금액	500,000,000
− 퇴직소득공제(비례공제·근속연수공제)	① 비례공제 : 200,000,000 ② 근속연수공제 : 4,000,000
= 과세표준	296,000,000
× 연분연승법에 의한 기본세율	296,000,000/10년×기본세율(한계세율 15%) ×10년
= 산출세액	33,600,000
= 퇴직소득세	33,600,000
지방소득세(퇴직소득세의 10%)	3,360,000
합계	36,960,000

위의 사례에서 보듯이 동일한 5억원에 대해 세금이 부과되는 것은 근로소득일 경우에는 1.63억원, 배당소득일 경우에는 1.33억원 및 퇴직소득일 경우에는 0.36억원을 각각 부담해야 한다. 즉 각 소득에 대해서 세부담 차이가 나는 것은 각 소득별로 과세방식이 다르기 때문인데, 특히 퇴직소득세의 세부담 감소폭이 매우 큰 것은 퇴직소득공제 중 비례공제(40%)와 연분연승법에 의해 과세표준에 적용하는 한계세율(15%)이 매우 작기 때문이다. 따라서 이 부분을 응용한 플랜이 배당정책과 CEO플랜으로 자세한 내용은 보험세무의 비밀(미래와경영刊, 박상진著)을 참고하기 바란다.

세법상 현실적 퇴직이란
무엇인가요?

포괄적 답변

세법상 현실적 퇴직이란 퇴직의제라고도 하는데, 이는 실질적으로 퇴사는 하지 않았지만 세법상 법정사유에 해당되면 퇴직금을 지급할 수 있는 사유가 된다. 따라서 직원의 경우에는 근로자퇴직급여보장법상 중간정산제도(④호 규정)를, 임원의 경우에는 향후 퇴직금을 받지 않은 조건(⑤호 규정)으로 퇴직금을 수령할 수 있다.

세부적 답변

퇴직급여는 현실적으로 퇴직한 임직원에게 지급해야 한다. 다만 다음의 경우에는 임직원이 퇴직하지 않았어도 퇴직급여를 지급하면 현실적 퇴직으로 본다(법령 제44조, 법칙 제22조). 즉 법인세법상 현실적 퇴직규정을 통해 퇴직을 하지 않고 당해 법인에 근무하면서 퇴직금을 받을 수 있는 방법으로, 임원의 경우에는 정관변경을 통해 퇴직급여를 높이고 퇴직금을 수령하는 과정에서 대폭적인 소득세 절감효과를 얻으면서 회사의 임원으로 계속 근무가 가능하게 함으로 CEO플랜의 절세효과와 경영안정성의 조화를 이루게 한 근거규정이 된다.

① 종업원이 임원으로 취임한 경우
② 법인의 상근임원이 비상근임원이 된 경우
③ 법인의 조직변경·합병·분할 또는 사업양도가 이루어진 경우
④ 근로자퇴직급여보장법의 규정에 의해 계속 근로한 기간에 대한 퇴직금을 미리 정산하여 받는 경우(중간정산은 사용인만 가능하고 사용자는 불가능함)
  ☞ 중간정산시점부터 새로이 근로연수를 기산하여 중간정산 이후 퇴직금을 계산하는 경우에 현실적인 퇴직으로 본다.
⑤ 임원에 대한 급여를 연봉제로 전환함에 따라 향후 퇴직금을 지급하지 않는 조건으로 그 때까지의 퇴직금을 정산하여 지급받은 경우
  ☞ 여기서 임원이란 법령 제43조 제6항의 규정을 적용하되 등기여부에 불구하고 이사로서의 직무에 종사한 경우에는 임원에 해당됨(서이46012-11878, 2002.10.14).
⑥ 정관 또는 정관에서 위임된 퇴직급여지급규정에 따라 장기 무주택자의 주택구입, 전세자금 마련, 3개월 이상 장기요양, 천재지변 등 기획재정부령으로 정하는 사유로 그 때까지의 퇴직급여를 중간정산하여 임원에게 지급한 때(중간정산시점부터 새로 근무연수를 기산하여 퇴직급여를 계산하는 경우에 한정한다).

주주총회 의사결정은 어떻게 이루어지나요?
예를 들면 배당이나 정관변경 및
대표이사 선임과 해임에 대해서 알고 싶네요?

포괄적 답변

　주주총회 의사결정은 보통결의와 특별결의 및 특수결의를 통해 의사결정을 한다. 이중 배당결의와 대표이사 선임은 보통결의로 결정하고, 정관변경과 대표이사 해임은 특별결의로 결정한다.

세부적 답변

　주주총회 의사결정은 각 결의사항마다 보통결의와 특별결의 및 특수결의를 통해 이루어지는데 그 내용과 결의요건을 정리해 보면 다음과 같다.

결의종류	결 의 사 항	결의요건
특별 결의	• 정관의 변경　• 영업전부·중요한 일부의 양도 등 • 이사 또는 감사의 해임　• 자본의 감소, 사후설립 • 임의해산, 회사의 계속　• 주식의 분할, 주식의 할인발행 • 제3자에 대한 전환사채　• 신주인수권부사채의 발행 • 신설합병의 경우 설립위원의 선임　• 합병계약서의 승인 • 회사분할계획서·분할합병계약서의 승인 • 주식교환계약서의 승인　• 주식이전의 승인 • 휴면회사의 계속　• 이사 등에 대한 주식매수선택권의 부여	출석한 주주의 의결권의 3분의 2이상의 수와 발행주식총수의 3분의 1 이상의 수 찬성
보통 결의	• 이사·감사·청산인의 선임 및 그 보수의 결정 • 재무제표의 승인, 주식배당　• 배당금지급시기의 특정 • 청산회사 재무제표의 승인　• 검사인의 선임 • 총회의장의 선임　• 총회의 연기 또는 속행의 결정 • 청산인의 청산종료의 승인　• 청산인의 해임	출석한 주주의 의결권의 과반수와 발행주식총수의 4분의 1이상의 수 찬성
특수 결의	• 이사 또는 감사의 회사에 대한 책임의 면제 • 유한회사로의 조직변경	발행주식총수의 전부를 소유하는 총주주의 동의

임원퇴직금 정관 변경시
주의사항은 무엇인가요?

포괄적 답변

불특정다수의 임원을 대상으로 하면서 직급과 근속연수에 비례해서 차등을 두어야 한다. 또한 퇴직금 규모는 근로자퇴직급여보장법상 퇴직금이나 법인세법상 임원퇴직금 범위 및 소득세법상 임원퇴직금 한도 규정을 기준으로 해서 추가로 퇴직금배수를 곱하여 산정하되, 퇴직금배수는 직급과 근속기간을 고려하여 합리적 차등을 두어 결정하되 너무 지나친 차등을 두어 사회통념상 받아들이기 어려울 정도가 되면 법인세법상 부당행위계산부인을 적용할 여지가 있으므로 신중을 기하여야 한다.

세부적 답변

대부분 법인의 정관은 표준정관이기 때문에 퇴직금규정은 근로기준법 또는 주주총회가 정하는 별도의 퇴직금 지급규정을 따르도록 되어 있어 이를 주총특별결의를 통해 임의적으로 변경이 가능하다. 변경시 주의할 점은 특정 임원만을 위한 규정이 아니어야 하고, 즉 불특정다수의 임원을 대상으로 하면서 직급과 근속연수에 비례해서 차등을 두어야 한다. 또한 보험계약 이후 퇴직시점에 퇴직금으로 현금 이외의 자산으로 수령할 수 있는 조항을 만들어 보험계약의 계약자 변경을 통한 보험계약상의 권리를 퇴직금의 대물변제로 수령할 수 있는 법적 근거를 만들어야 하고, 보험계약상의 권리를 객관적으로 평가하는 방법을 명시하여야 한다.

퇴직금 규모는 근로자퇴직급여보장법상 퇴직금이나 법인세법상 임원퇴직금 범위 및 소득세법상 임원퇴직금 한도 규정을 기준으로 해서 추가로 퇴직금배수를 곱하여 산정하되, 퇴직금배수는 직급과 근속기간을 고려하여 합리적 차등을 두어 결정하되 너무 지나친 차등을 두어 사회통념상 받아들이기 어려울 정도가 되면 법인세법상 부당행위계산부인을 적용할 여지가 있으므로 신중을 기하여야 한다(법인-450, 2010.5.14, 조심2009서3313, 2010.4.22). 참고로 임원퇴직금 규모를 소득세법상 임원퇴직금 한도 규정을 이용해서 산정하면 다음과 같이 할 수 있다.

임원퇴직금 = 퇴직한 날부터 소급하여 3년동안 지급받은 총급여의 연 평균 환산액 × 10% × 근속연수 × 3배 × 직급배수(1배~2배)

임원퇴직금 정관 변경시 근속연수의 소급적용이 가능한가요?

포괄적 답변

정관 변경은 원칙적으로 소급적용이 되지 않는다. 다만 임원퇴직금 지급규정은 예외적으로 소급적용이 가능하기 때문에 과거의 근속연수에 대해서도 개정 후의 지급배수를 적용할 수 있다.

세부적 답변

임원이 퇴직하기 전에 임원퇴직금지급 규정을 개정한 경우에도 당해 규정의 개정 전까지의 근속기간에 대하여도 개정된 규정을 적용할 수 있다. 즉 소급적용이 언제든지 가능하기 때문에 이로 인한 절세효과가 대단히 크고, CEO 플랜의 적시성(timeliness)을 높인 법적근거가 된다(법인-461, 2010.5.19, 서이 46012-11540, 2003.8.25).

법인보험계약의 계약자와 수익자를 대표이사로
변경시 근로소득으로 보아야 하는지,
아니면 퇴직소득으로 보아야 하는지요?

포괄적 답변

대표이사의 퇴직금을 지급하는 수단으로 현금 이외의 자산으로 지급하는 것은 단순한 대물변제에 해당하기 때문에, 세법상 임원퇴직금의 정관규정이 부당행위계산부인 대상이 아니고, 임원퇴직금 지급규정 범위 안에서 지급하는 퇴직금이라면 당연히 퇴직소득으로 보아야 한다.

세부적 답변

근로기준법 제43조 따르면 "임금은 통화로 직접 근로자에게 그 전액을 지급하여야 한다"라고 되어 있다. 즉 사업주는 임금을 통화로 지급하는 것을 원칙으로 한다. 따라서 근로자의 동의가 있으면 현물로 지급하여도 반의사불벌죄(근로자의 의사에 반하여 처벌하지 않음)가 성립된다. 즉 근로자의 급여나 퇴직금은 근로자의 동의가 있으면 당해법인의 재고자산, 투자자산(골프회원권 등)으로 지급하여도 근로기준법 위반이 아니고, 소득세법상 현물급여에 해당될 경우에는 당해 자산의 시가에 해당하는 금액을 급여로 보고 원천징수를 한다.

그리고 임원의 경우에도 동일하게 적용할 수 있기 때문에. 임원의 동의가 있으면 임원퇴직금의 일부를 보험계약의 계약자와 수익자의 변경을 통해 보험증서로 대물변제하는 것은 근로소득으로 볼 것인지, 아니면 퇴직소득으로 볼 것인지를 는할 대상이 될 수 없고, 단지 세법상 당해 임원의 퇴직금 중 현물퇴직금에 허당하는 보험증서의 시가 평가가 문제가 될 뿐이다.

또한 국세청 예규 서면2팀-1815(2006.9.15)에 의하면 "법인이 보험계약을 통하여 보험금을 수령하여 당해 금전으로 현실적으로 퇴직하는 임원에게 임원퇴직금 지급규정에 따라 퇴직금을 지급하면 손금산입한다"라고 되어 있다. 즉 보험금을 받아서 동 자금으로 임원의 퇴직금을 지급하면 퇴직금으로 손금에 인정한다는 것이다.

따라서 보험금으로 임원퇴직금을 주면 퇴직금으로 손금 인정하고, 보험증서로 주면 근로소득으로 보는 국세청 예규는 법리에 맞지 않다.

다행히 2011.3.29 기획재정부에서 기존의 예규와 달리 보험의 계약자 변경이 퇴직금을 지불하기 위한 것이라면 퇴직소득으로 본다는 새로은 의견을 제시하여 더 이상 과세관청과의 마찰이 없어지게 되었다. 따라서 기획재정부 예규를 소개하면 다음과 같다.

기획재정부소득 -108, 2011.3.29

[질의내용]

법인이 임원의 퇴직금을 보험증서로 지급할 수 있도록 정관 및 임원퇴직금 규정을 마련하고, 저축성보험을 법인명의로 계약[주1]하여 보험료 불입[주2] 중 해당 임원이 퇴직하자 동 저축성보험의 명의를 퇴직임원으로 변경(보험증서 지급)한 경우 퇴직시 변경(법인 → 임원) 지급된 보험계약의 소득은 근로소득인가, 아니면 퇴직소득인가?

주1) 보험의 계약자·수익자는 법인, 피보험자는 임원이며, 임원 퇴직시 계약자·수익자를 법인 → 임원으로 변경하는 보험계약
주2) 법인은 동 보험료 납입액을 투자자산(보험료예치금)으로 계상

[회신내용]

법인이 계약자 및 수익자를 법인으로, 임원을 피보험자로 하는 보험에 가입하고, 임원 퇴직시 저축성보험의 계약자 및 수익자를 법인에서 피보험자(퇴직임원)로 변경하는 경우 법인이 부담한 저축성보험(임원퇴직 당시 저축성보험의 평가액)은 퇴직 임원의 퇴직소득에 해당한다. 다만, 저축성보험의 평가액을 포함한 임원의 퇴직소득이 과도하여 법인세법 제52조(부당행위계산의 부인)가 적용되는 경우에는 동 규정이 적용되지 않는 범위 내에서만 퇴직소득에 해당하며, 이를 초과하는 금액은 근로소득에 해당한다.

세법상 대표이사(임원 포함)의 급여와 상여금은
얼마까지 인정되나요? 혹 제한이 있나요?

포괄적 답변

대표이사(임원 포함)의 급여는 원칙적으로 주주총회 보통결의사항으로도 제한은 없다. 다만 지배주주인 임원의 경우에는 통상적인 금액을 벗어나는 급여는 인정하지 않는다. 또한 임원상여금과 임원퇴직금은 정관 등에 명시된 경우에는 금액에 상관없이 전액 인정(법인세법상 부당행위계산부인이 적용되는 부분은 제외)된다. 다만 임원퇴직금의 경우에는 일정한도액까지만 인정된다.

세부적 답변

1. 법인세법상 인건비 규정

법인세법상 인건비를 정리해보면 다음과 같다. 다만 주의할 것은 대표이사(임원 포함)의 급여는 원칙적으로 주주총회 보통결의사항으로 제한은 없지만 지배주주인 임원의 경우에는 통상적인 금액을 벗어나는 급여는 인정하지 않는다. 또한 임원상여금은 정관 등에 명시된 경우에만 인정되기 때문에 임원상여금 규정이 없으면 한푼도 손금산입이 인정되지 않는다.

구분	수령자	법인세법상 규정
급여·보수	노무출자사원	손금불산입
	신용출자사원	손금산입
	상근임원	손금산입, 단 지배주주인 임원에게 지급한 통상적 금액을 초과하는 과대보수는 제외
	비상근임원	손금산입, 단 부당행위계산부인의 대상이 되는 부분은 손금불산입
	사용인	손금산입, 단 지배주주인 사용인에게 지급한 통상적 급여를 초과하는 부분은 제외
상여금	임원(출자·비출자임원 모두 말함)	손금산입. 단 이익처분에 의한 상여금(성과배분상여금은 제외)과 정관·주주총회·이사회에서 결정된 지급기준초과금액은 손금불산입주1)
	사용인	손금산입. 단 이익처분에 의한 상여금(성과배분상여금은 제외)은 손금불산입
퇴직금	임원(출자·비출자임원 모두 말함)	정관 또는 정관에서 위임에 따라 정한 퇴직급여지급규정이 있으면 동 금액을 손금인정주2), 다만 지급규정이 없으면 법령 제44조 4항 규정 준용주3)
	사용인	손금산입

주1) 정관등에 결정된 지급기준이 없으면 임원상여금은 한푼도 손금산입 인정이 안됨
주2) 정관 변경은 상법상 주주총회의 특별결의를 통해서만 가능함
주3) 법인세법 퇴직금 범위계산 : 퇴직직전 1년간 총급여 × 10% × 근속연수
- 총급여에는 손금불산입 급여와 비과세 급여는 포함되지 않음
- 근속연수는 역에 따라 계산하되, 1년 미만의 기간은 월수로 계산하고 1월 미만은 절사한다. 즉 법인세법상 퇴직급여규정은 1년 미만 근속한 임원이라도 퇴직금 지급대상이다. 또한 개인기업의 법인전환을 한 경우에는 대표이사의 근속연수는 법인전환 전의 개인사업 경영기간을 통산하지 아니한다(서이46012-10850, 2001.12.31).

2. 소득세법상 임원퇴직금한도 규정

임원의 퇴직소득금액(2011년 12월 31일에 퇴직하였다고 가정할 때 지급받을 퇴직소득금액이 있는 경우에는 그 금액을 뺀 금액을 말한다)이 다음 계산식에 따라 계산한 금액을 초과하는 경우에는 그 초과하는 금액은 근로소득으로 본다(소법 제22조 3항). 다만 2012년 1월 1일 전에 퇴직하였으나 이로 인한 퇴직소득이 2012년 1월 1일 이후에 발생하는 경우 해당 퇴직소득에 대해서는 제22조 제3항의 개정규정에도 불구하고 종전 규정에 따른다.

$$
\text{임원퇴직금 한도액} = \text{퇴직한 날부터 소급하여 3년[주1] 동안 지급받은 총급여의 연 평균환산액} \times 10\% \times \text{2012.1.1 이후의 근속연수[주2]} \times 3\text{배}
$$

주1) 근무기간이 3년 미만이면 거월 수로 계산한 해당 근무기간을 말하며, 1개월 미만의 기간이 있는 경우에는 이를 1개월로 본다.
주2) 1년 미만의 기간은 개월 수로 계산하면, 1개월 미만의 기간이 있는 경우에는 이를 1개월로 본다.

근로자퇴직급여보장법상 퇴직금제도에는 어떤 것이 있으며 퇴직금 산정은 어떻게 하나요?

포괄적 답변

근로자퇴직급여보장법상 모든 사업장은 퇴직금제와 퇴직연금제 중 1 이상을 선택하여야 한다. 또한 퇴직금 산정은 계속근로기간 1년에 대하여 30일분 이상의 평균임금으로 하되 1년 미만의 근속자는 퇴직금 청구권이 없다.

세부적 답변

1. 퇴직금 제도

근로자퇴직급여보장법 제8조에서는 "퇴직금제도를 설정하고자 하는 사용자는 계속근로기간 1년에 대하여 30일분 이상의 평균임금을 퇴직금으로 퇴직하는 근로자에게 지급할 수 있는 제도를 설정하여야 한다." 라고 규정하고 있다.

따라서 모든 사업장에서는 최소한 1년에 30일분 이상의 평균임금을 법정퇴직금으로 지급하거나 퇴직연금제를 시행해야 한다. 또한 근로자의 퇴직금은 원칙적으로 상시 근로자 5인 이상인 사업장에 한해서 적용되는 규정이지만, 2010.12.1부터는 근로자퇴직급여보장법이 개정되어 상시근로자 1인 이상 사업장으로 확대되었다.

다만 갑작스런 근로자의 퇴직금 지급으로 인한 사업주의 부담을 완화하기 위해서 2010.12.1~2012.12.31까지는 법정퇴직금의 50%만 지급하고, 2013년부터는 법정퇴직금의 전액을 지급하는 것으로 근로자퇴직급여보장법 시행령 제8조의 2에 규정을 신설하였다.

2. 퇴직금의 산정방법

퇴직금은 계속근로연수 1년에 대해 30일분의 평균임금을 곱하여 계산한다. 1년 미만자는 퇴직금의 청구권이 없다. 즉 이를 산식화하면 다음과 같다.

퇴직금 = 퇴직직전 1일 평균임금(=퇴직직전 3개월간 임금/3개월간 일수) × 30일 × 계속근속연수

법인세법상 부당행위계산부인이 무엇인가요?

포괄적 답변

법인세법상 부당행위계산부인이란 특정법인이 특수관계에 있는 자(법인 포함)에게 비정상적인 거래를 통해 경제적 이익을 제공함으로 인해 특정법인의 조세를 부당히 감소시킬 경우 동 거래를 부인하여 익금산입하여 법인세를 추징하고, 거래상대방이 개인일 경우에는 소득세를 추징하는 제도를 말한다. 주로 저가양도, 고가양수, 과다인건비 지급, 저율(무상)의 자금대여 등에 적용되는 규정이다.

세부적 답변

1. 부당행위계산부인

부당행위계산부인제도는 법인이나 개인이 특수관계자인 거래상대방과 비정상적인 거래를 함으로써 조세의 부담을 부당히 감소시킨 경우에 그 부당한 행위나 계산을 부인할 수 있는데, 이를 부당행위계산의 부인이라고 한다. 이 제도는 실질과세원칙의 구체적인 예로서 부당행위를 한 법인에게는 법인세를 추징하고, 소득귀속자인 개인에게는 소득세나 증여세를 추징한다.

2. 적용요건

다음의 모든 요건을 충족한 경우에는 부당행위계산부인을 적용한다.

① 거래 당시를 기준으로 거래상대방이 특수관계자이고
② 그 거래로 인하여 조세부담이 부당히 감소한 경우

다만 다음의 거래에는 시가와 거래가액의 차액이 3억원 이상이거나 차액이 시가의 5% 이상인 경우에 한하여 부당행위로 본다.

- 자산을 시가보다 높은 가액으로 매입 또는 현물 출자받은 경우
- 자산을 무상 또는 시가보다 낮은 가액으로 양도 또는 현물 출자한 경우
- 금전 기타 자산 또는 용역을 무상 또는 시가보다 낮은 이율·요율이나 임대료로 대부하거나 제공한 경우
- 금전 기타 자산 또는 용역을 시가보다 높은 이율·요율이나 임차료로 차용하거나 제공받은 경우

3. 특수관계자의 범위(법령 제87조)

본인이 법인인 경우로써 다음 각 호에 해당하는 자를 말하고 법인세법을 적용할 때 본인도 그 특수관계인의 특수관계인으로 본다(법령 제87조). 또한 영리법인인 경우에는 법인의 30% 이상을 출자하거나 임원의 임면권의 행사, 사업방침의 결정 등 법인의 경영에 대하여 사실상 영향

력을 행사하고 있다고 인정되는 경우에는 해당 법인의 경영에 대하여 지배적인 영향력을 행사하고 있는 것으로 본다. 또한 비영리법인인 경우에는 법인의 이사의 과반수를 차지하거나 법인의 출연재산(설립을 위한 출연재산만 해당한다)의 30% 이상을 출연하고 그 중 1인이 설립자인 경우에는 해당 법인의 경영에 대하여 지배적인 영향력을 행사하고 있는 것으로 본다.

① 임원의 임면권의 행사, 사업방침의 결정 등 당해 법인의 경영에 대하여 사실상 영향력을 행사하고 있다고 인정되는 자(「상법」 제401조의 2 제1항의 규정에 의하여 이사로 보는 자를 포함한다)와 그 친족
② 주주 등(소액주주 등을 제외한다. 이하 이 관에서 같다)과 그 친족
③ 법인의 임원·사용인 또는 주주 등의 사용인(주주 등이 영리법인인 경우에는 그 임원을, 비영리법인인 경우에는 그 이사 및 설립자를 말한다)이나 사용인 외의 자로서 법인 또는 주주 등의 금전 기타 자산에 의하여 생계를 유지하는 자와 이들과 생계를 함께 하는 친족
④ 해당 법인이 직접 또는 그와 제1호부터 제3호까지의 관계에 있는 자를 통하여 어느 법인의 경영에 대하여 지배적인 영향력을 행사하고 있는 경우 그 법인
⑤ 해당 법인이 직접 또는 그와 제1호부터 제4호까지의 관계에 있는 자를 통하여 어느 법인의 경영에 대하여 지배적인 영향력을 행사하고 있는 경우 그 법인
⑥ 당해 법인에 100분의 30 이상을 출자하고 있는 법인에 100분의 30 이상을 출자하고 있는 법인이나 개인
⑦ 당해 법인이 「독점규제 및 공정거래에 관한 법률」에 의한 기업집단에 속하는 법인인 경우 그 기업집단에 소속된 계열회사 및 그 계열회사의 임원

3. 사례

(1) 법인의 저가양도

〈A법인은 시가 5억원의 토지를 A법인의 대표이사 B에게 1억원에 양도
 한 경우〉

특수관계자간 거래이고 시가와 대가와의 차액이 3억원 이상이면서 부
당하게 법인세를 감소(부당하게 4억원의 토지양도차익을 인식하지 않음) 시켰으
므로 법인에게는 익금산입 부당행위 4억원 상여로 소득처분하고, 동 금액
에 대해 대표이사에게 근로소득세를 추가 징수(증여세 부과안함)한다.

(2) 법인의 고가양수

〈A법인은 시가 5억원의 토지를 A법인의 대표이사 B에게 9억원에 매
 입한 경우〉

특수관계자간 거래이고 시가와 대가와의 차액이 3억원 이상이면서 부
당하게 법인세를 미래에 감소(미래에 양도할 경우 취득가액을 5억원이 아닌 9억
원으로 계상하기 때문에)시킬 예정이므로 법인에게는 익금산입 부당행위 4억
원 상여로 소득처분하고, 동시에 손금산입 토지 4억원 −유보로 처분한다.
대표이사에게는 4억원에 다 해 근로소득세를 추가 징수(증여세 부과안함)
하고, 대표이사의 양도소득세 계산시 양도가액을 9억원이 아닌 5억원으
로 의제하여 양도소득세를 재계산한다. 즉 대표이사 입장에선 소득세법
상 부당행위계산부인 대상이 아니지만 소득세법 96조 ③항 1호에 의한 특
수관계법인에게 고가양도시 양도가액의제 규정에 의해 양드가액을 시가
인 5억원으로 한다.

법인세법상 가지급금이란 무엇인가요?

포괄적 답변

법인세법상 가지급금이란 자금 유출액 중 관련 증빙이 없는 것으로 형법상 횡령과 유사한 개념으로 가지급금 범위는 형법상 횡령보다 더 넓은 개념이다. 가지급금은 주로 횡령으로 인한 자금유출, 가공매출계상, 증빙서류의 미수취 등으로 발생한다. 따라서 법인세법상 이런 가지급금에 대해서 인정이자 익금산입, 지급이자 손금불산입, 대손금부인 등의 불이익을 주고 있다.

세부적 답변

1. 가지급금 개념

가지급금이란 명칭여부에 불구하고 당해 법인의 업무와 관련이 없는 자금 대여액을 말한다. 즉 유출되는 법인의 자금 중 지출 증빙이 없는 것을 말하고 동 자금의 귀속이 불분명하면 대표이사에게 대여한 가지급금으로 본다. 또한 가지급금은 법인세법상 여러 가지 불이익을 주는 규정도 있고, 해당 법인의 신용평가, 금융거래 및 투자 유치시 재무구조 건전성면에서 상당히 부정적인 인식을 줄 수 있는 부분이기 때문에 관리자의 주의를 요하는 부분이다.

2. 세법상 제재

(1) 인정이자 계산

다음의 금액을 가지급금에 대한 인정이자로 보아 익금산입하여 법인세를 부과하고, 실질 귀속자에게 상여·배당·기타사외유출 등으로 소득처분하여 소득세를 추징한다.

$$\text{인정이자} = \text{가지급금적수} \times \text{당좌대출이자율 또는 가중평균차입이자율} \times 1/365(\text{윤년은 } 366) - \text{약정이자}$$

(2) 지급이자 손금불산입

가지급금이 있는 법인이 차입금이 있어 지급이자를 비용처리하면 다음의 금액을 이자비용으로 인정하지 않는다.

$$\text{손금불산입} = \text{이자비용} \times (\text{가지급금의 적수} / \text{총차입금 적수})$$

(3) 대손금 부인 등

특수관계자에게 당해 법인의 업무와 관계없이 지급한 가지급금은 이를 대손금으로 손금산입 할 수 없고, 대손충당금 설정대상 채권에서도 제외된다. 다만 사용인이 법인의 공금을 횡령한 경우로서 동 사용인과 그 보증인에 대하여 횡령액의 회수를 위하여 법에 의한 제반절차를 취하였음에

도 무재산 등으로 회수할 수 없는 경우에는 동 횡령액을 대손처리 할 수
있다. 이 경우 대손처리한 금액에 대하여는 사용인에 대한 근로소득으로
보지 아니한다(법기통 34-62-6).

퇴직연금제 중 확정급여(DB)형과
확정기여(DC)형에 대해서
각각의 차이점을 설명해 주세요

포괄적 답변

퇴직연금제는 근로자의 퇴직금 중 일정 부분을 사외에 적립하는 제도로, 기업이 도산하더라도 근로자 퇴직금의 최소한의 수급권을 보장해주는 제도로 DB형과 DC형으로 세부화 할 수 있다.

확정급여형 퇴직연금(DB : Defined Benefit Retirement Pension)은 근로자가 지급받을 급여의 수준이 사전에 결정되어 있는 퇴직연금을 말하고, 확정기여형 퇴직연금(DC : Defined Contribution Retirement Pension)은 급여의 지급을 위하여 사용자가 부담하여야 할 부담금의 수준이 사전에 결정되어 있는 퇴직연금을 말한다.

따라서 두 제도의 가장 큰 차이점은 외부에 적립된 퇴직금의 운용주체가 법인이면서 운용수익의 귀속자가 법인인 제도가 확정급여(DB)형이고 운용주체가 근로자이면서 운용수익의 귀속자가 근로자인 제도가 확정기여(DC)형이다.

세부적 답변

　퇴직연금제도는 사용자가 퇴직연금사업자에 매월 또는 연말에 퇴직적립금에 해당하는 부담금을 적립하면 금융기관 등인 퇴직연금사업자가 이를 운영 및 관리하여 근로자가 퇴직한 후에 일시금(퇴직소득에 해당)을 지급하거나 매년 연금(연금소득에 해당)을 지급하는 제도이다. 이러한 퇴직연금제는 크게 확정급여(DB)형과 확정기여(DC)형으로 구분할 수 있는데, 둘 간의 차이점은 다음과 같다.

구분	확정급여형(DB)	확정기여형(DC)
부담금 납입주체	기업	기업 (근로자의 추가 납입가능)
부담금 산출	연금계리 방식에 의한 부담금 산출	연간 임금총액 × 퇴직연금규약에 명시된 부담률
최저 적립금	예상 퇴직금의 60%[주1]	연간임금총액의 1/12
적립금 운용주체	기업	근로자
적립금운용 수익의 귀속자	기업	근로자
위험자산 투자한도	주식 30%, 주식·혼합형 펀드 50%	2011년 상반기부터 개인퇴직계좌와 함께 40% 한도내에서 주식형펀드에 투자가능함
퇴직금의 변동 여부	적립금 운용수익이 기업에게 귀속되므로 근로자의 퇴직금은 불변	적립금 운용수익이 근로자에게 귀속되므로 근로자의 퇴직금은 변동
퇴직금 수령 형태	일시금 또는 연금	일시금 또는 연금
담보대출	가능(적립금의 50% 한도)	가능(적립금의 50% 한도)
중도인출	불능	가능(가입자별 적립금의 100% 한도)
담보대출과 중도인출 사유	• 무주택자인 가입자의 주택구입 • 가입자 또는 그 부양가족의 6월 이상의 요양 • 그 밖에 천재지변의 발생 등 담보제공이 불가피하다고 고용노동부장관이 인정하는 경우	

과세이연(퇴직금의 통산)	퇴직금을 일시금으로 수령하여 60일내 DC 또는 IRA로의 80% 이상 이체 시 과세이연 적용함. 따라서 DC 또는 IRA를 이용해서 퇴직금의 통산이 가능하다.	
근로자 입장에서의 장점	• 확정된 퇴직금으로 노후생활자금의 설계가 용이함	• 적립금 운용수익에 따른 퇴직금의 증가 가능성 • 퇴직금 전액을 사외적립하므로 퇴직금의 수급권을 100% 확보함
근로자 입장에서의 단점	• 퇴직금 중 40%는 사내적립되어 기업도산시 퇴직금의 수급권을 100% 확보하지 못함	• 적립금 운용수으이 작거나 (−)가 발생할 위험이 너재되어 있다. • 근로자가 운용주체 있기 때문에 지속적인 관심이 필요하다.

PART 03

상속·증여 및 양도

Chapter 01

민법

상속절차는 어떻게 진행되나요?

포괄적 답변

피상속인의 사망으로 상속이 개시되어 상속인에게 추상적으로 상속분에 대한 권리와 의무가 발생하고, 3개월 내 발생한 상속분에 대한 권리와 의무의 수용여부(단순승인, 한정승인 및 상속포기)를 결정한 후 상속인별로 구체적으로 상속재산과 부채를 확정, 배분하는 청산행위를 거친 후 상속등기와 상속세 신고로 상속절차를 마무리한다.

세부적 답변

1. 사망신고서 제출

피상속인의 사망으로 상속개시가 되면 1개월 내(1개월 초과시 과태료 부과) 읍·면·동사무소에 가서 다음의 서류를 제출하여 제적등본을 발급받는다.

① 사망(호주 승계)신고서 2부

② 사망진단서(병원장 발행) 1부, 만약 사망진단서가 없는 경우에는 사망
증명서 1부 및 인우보증 2명으로 대신함

2. 장례비·납골비용 영수증 수령

상속세를 줄이기 위해 장례비용(납골시설을 사용하는 경우에는 최고 1,500만원
까지 상속재산가액에서 차감할 수 있음) 등의 영수증을 모아둔다.

구분	장례비용	공제액
① 납골시설사용비용	납골시설의 사용에 소요된 비용	실제지출액(500만원 한도)
② 위 이외의 장례비용	사망일로부터 장례일까지 장례에 직접 소요된 금액(①제외)	실제지출액. 다만 500만원을 최저공제액으로 하고 1,000만원을 한도로 함

☞ 비거주자가 사망한 경우에는 장례비용을 공제하지 않는다

3. 특별대리인 신청

친권자가 미성년인 여러 자녀의 법정대리인으로서 상속재산 분할협의
를 하는 경우는 이해상반행위에 해당되어 법원에 특별대리인 선임을 신
청해야 한다.

4. 상속재산·채무 조회

	금융재산(채무)	부　동　산
조회대상	피상속인의 예금·대출·보증·증권계좌·보험계약·신용카드 등	피상속인의 부동산
신청자격	사망자의 상속인	사망자의 상속인
신청방법	• 서울은 금융감독원 1층 금융민원센터(국번없이 1332)에 직접 방문하여 신청 • 지방은 금융감독원 각 지원(부산, 대구, 광주, 전주 소재)에 방문하여 신청 • 국민은행영업점, 삼성생명고객프라자, 우리은행영업점, 농협(단위농협 포함) 및 동양종합금융증권 영업점에 방문하여 신청	국토해양부 국토정보센터나 피상속인의 주소지 시·도·구청 지적부서에 직접 방문하여 신청
구비서류	• 상속인 신분증과 사망자의 사망사실이 기재된 가족관계증명서, 단 가족관계증명서에 사망사실이 기재되어 않은 경우에는 사망진단서 등을 제출 • 대리인 신청시에는 위임장과 위임자의 인감증명서와 대리인 신분증	

5. 상속포기·한정승인 및 단순승인 결정

피상속인의 사망으로 상속개시가 되면 3개월 내 피상속인의 각종 재산··채권·채무 등을 확인하고 재산분할 관련 협의를 해야 한다. 만약 상속채무가 재산보다 더 많거나 많을 것으로 예상되면 재산목록을 첨부하여 상속개시지(피상속인의 주소지)의 가정법원에 가서 한정승인이나 상속포기를 하면 된다. 또한 상속포기나 한정승인 없이 상속개시일로부터 3개월 경과하면 단순승인 한 것으로 보고 모든 상속재산과 채무를 승계하게 된다.

6. 상속재산 분할방법 확정 및 상속등기

상속개시일이 속하는 달의 말일로부터 6월내 상속재산을 분할하고 상속인별로 상속등기를 하여야 한다. 다만 소송 등의 이유로 상속재산을 분할할 수 없는 경우에는 최장 상속세신고기한으로부터 1년 이내에 상속등기를 하되, 상속회복 청구소송 등으로 상속재산가액의 변동이 있는 경우에는 당해 사유가 발생한 날로부터 6월내에 경정 등의 청구를 할 수 있다.

7. 재산승계에 따른 사업자등록증 정정

피상속인이 부동산임대업을 할 경우에는 상속인에게 동 재산이 승계되므로 사업자등록증도 상속인 명의로 정정해야 한다. 따라서 상속인과 임차인간의 새로운 임대차계약서를 작성하고 상속등기를 마친 후 피상속인의 사망진단서(또는 제적등본)와 상속인임을 입증하는 가족관계증명서 및 상속재산분할협의서(법정상속분으로 할 경우에는 불필요)를 첨부하여 해당 민원실에 가서 사업자등록증상의 명의를 정정해야 한다.

8. 상속세 신고·납부

상속개시일이 속하는 달의 말일로부터 6월내 상속세를 신고하고 납부한다. 다만 상속재산을 상속서 신고기한까지 분할하지 못한 경우에는 상속재산 확정(분할에 따른 상속등기를 마친 상태) 후 상속세 경정 등의 청구서를 제출한다.

9. 상속세 조사

통상 상속세 신고 후 6월에서 2년 내 조사가 나오고, 그에 따라 상속서를 추가 납입할 수 있다.

상속인의 범위와 순위 및 법정상속분은 어떻게 결정 되나요?

포괄적 답변

상속인은 권리능력이 있는 자연인에 한하여 인정되고, 상속인의 결정 순서는 피상속인의 직계비속(배우자는 동순위), 직계존속(배우자는 동순위), 형제자매, 4촌 이내의 방계혈족, 특별연고자 및 국가 순으로 한다. 법정상속분은 상속순위에 따라 결정되고, 동일 순위의 상속인이 여러 명일 때에는 균등하게 하되, 배우자의 상속분은 5할을 가산한다.

세부적 답변

1. 상속인의 범위

상속인은 상속능력이 있어야 하므로 권리능력이 있는 자연인에 한하여 인정되고 법인은 상속인이 될 수 없다. 다만 태아의 경우에는 상속순위에 관하여는 이미 출생한 것으로 본다. 우리 민법에서 상속인의 범위를 피상속인의 직계존비속, 형제자매, 4촌 이내의 방계혈족 및 배우자로 규정하고 있다.

2. 상속인의 순위

상속인의 순위는 다음과 같이 적용한다. 이 때 상속순위의 판단은 상속인을 결정하는 순서로서, 선순위에서 상속인이 결정되면 그 이후의 순위에 해당되는 사람은 상속인에 해당되지 아니한다.

① 피상속인의 직계비속(배우자는 동순위)
② 피상속인의 직계존속(배우자는 동순위)
③ 피상속인의 형제자매
④ 피상속인의 4촌 이내의 방계혈족
⑤ 특별연고자
⑥ 국가

상속순위에 의한 상속인을 판단할 때, 동순위의 상속인이 수인인 때에는 최근친을 선순위로 하고 동친 등의 상속인이 수인인 때에는 공동상속인이 되고, 태아는 상속순위에 관하여는 이미 출생한 것으로 본다(민법 제1000조). 또한 피상속인의 배우자가 있는 경우에 배우자는 혈족이 아닌 상속인이다.

피상속인의 배우자는 상속인으로 피상속인의 직계비속과 피상속인의 직계존속이 있는 경우에는 그 상속인과 동순위로 공동상속인이 되고, 그 상속인이 없는 때에는 단독 상속인이 된다. 그리고 상속개시 전에 사망 또는 결격된 자의 배우자는 그 사망한 자 또는 결격된 자의 직계비속과 동순위로 공동상속인이 되고 그 직계비속이 없는 때에는 단독 상속인이 된다(민법 제1003조).

3. 법정상속분

　피상속인이 공동상속인의 상속분을 지정하지 않았을 경우에 그 상속분은 민법 제1009조에 의한 법정상속분에 의하게 된다. 법정상속분은 동순위의 상속인이 수인인 때에는 그 상속분은 균분으로 하며, 피상속인의 배우자의 상속분은 직계비속 또는 직계존속과 공동으로 상속하는 때에는 직계비속의 상속분의 5할을 가산한다.

구분	상속인	상속분	비율
배우자와 자녀가 있는 경우	장남과 배우자만 있는 경우	장남 1 배우자 1.5	2/5 3/5
	장남·장녀(미혼)·배우자가 있는 경우	장남 1 장녀 1 배우자 1.5	2/7 2/7 3/7
배우자와 직계존속만 있는 경우	부모와 배우자만 있는 경우	부 1 모 1 배우자 1.5	2/7 2/7 3/7

유쾌한 박세무사의 한마디!

혈족과 인척의 상속권 차이

혈족은 자연혈족과 법정혈족으로 구분되는데, 자연혈족은 서로 혈연에 의하여 연결되어 있는 사람을 말하고, 법정혈족은 혈연관계는 없지만 법률에 의하여 혈연이 존재하는 것으로 의제된 혈족(양부모, 양자)을 말함. 따라서 혈족여부는 상속권에 영향을 미치는데 그 사례는 다음과 같다.

① 부가 사망을 하면 이혼한 본처와 부 사이에서 출생한 자식들과 현재 혼인 중인 다른 여자가 상속권이 있다. 다만 가봉자(처가 데리고 온 아이)는 상속권이 없으나, 입양을 하면 상속이 가능하다. 즉 처가 데리고 온 아이는 혈족으로 보지 않고 인척으로 보기 때문에 상속권이 없지만 입양자는 법정혈족에 해당되어 상속권이 있는 것이다.

② 이혼한 본처가 사망하면 부와 본처 사이에서 출생한 자식들이 상속권이 있으며, 현재 혼인중인 다른 여자가 사망하면 다른 여자가 출산한 자식들과 부가 상속권이 있고, 부와 이혼한 본처 사이에서 출생한 자식들은 상속권이 없다.

대습상속이 무엇이며, 상속세에는 어떤 영향을 미치는가요?

포괄적 답변

대습상속이란 상속인이 될 자가 피상속인의 상속개시 전에 사망하거나 결격자가 된 경우에, 상속인의 직계비속이나 상속인의 배우자에게 상속인의 지위를 부여하는 제도를 말한다. 또한 상증법에서는 대습상속의 경우에는 할증과세를 하지 않고, 상속공제 종합한도 규정도 적용하지 않는다.

세부적 답변

1. 대습상속이란

상속인(피대습자)이 될 직계비속 또는 형제자매가 상속개시 전에 사망하거나 결격자가 된 경우에는 상속인의 직계비속(대습자)이 있을 때에는 그 직계비속이 사망하거나 결격된 자의 순위에 갈음하여 상속인이 된다. 또한 상속개시 전에 사망 또는 결격된 자의 배우자도 그 직계비속과 함께 동순위로 공동상속인이 되며, 그 상속인이 없을 때에는 단독 상속인이 되는 것을 대습상속이라 한다.

2. 대습상속의 효과

대습자는 피대습자에 예정되어 있던 상속분을 그대로 받는다. 따라서 피대습자의 자녀와 배우자는 피대습자에게 예정되어 있던 상속분을 각각 자기 상속분의 비율에 따라 받는 것이다.

3. 대습상속과 일반상속으로 인한 상속세 영향

자녀가 아닌 직계비속이 대습자로서 상속재산을 받을 경우에는 상속공제 종합한도 규정을 적용받지 않고, 전액 상속공제대상이 되고 세대생략가산액(30% 할증과세) 적용대상도 아니다. 반면에 대습자가 아니면서 자녀가 아닌 직계비속(손자 등)이 상속재산을 유언에 의해 상속재산을 받을 경우에는 상속공제 종합한도 적용 대상이기 때문에 동 상속재산에 대하여는 상속공제를 적용받을 수 없고, 세대생략가산액 적용대상으로 보아 산출된 상속세에 30% 할증하여 상속세를 부과한다(서일46014-11366, 2003.10.01).

상속분과 특별수익, 기여분 및 유류분 제도가 무엇인가요?

포괄적 답변

상속분이란 2인 이상의 공동상속인이 상속재산 대하여 승계할 몫의 비율을 말하는데, 유언에 의한 지정상속분과 법정상속분으로 구분된다. 또한 특별수익이란 결혼자금이나 사업자금 등으로 생전증여나 피상속인으로부터 유증에 의해 받은 이익을 말하고, 기여분은 일명 효도상속이라고 하는데 공동상속인 중 피상속인을 특별히 부양하거나 재산증가에 기여한 자에게 상속재산 중 일정부분을 기여분 보아 상속분에 가산하는 제도를 말한다. 그리고 유류분은 상속인에게 최소한의 재산이 돌아갈 수 있도록 하기 위해 피상속인의 유언 또는 증여에 의해 자유롭게 처분할 수 있는 재산의 범위를 제한한 제도이다.

세부적 답변

1. 상속분과 지정상속분 및 법정상속분

상속분이란 2인 이상의 상속인이 공동상속의 경우에 상속재산 전체에 대하여 각각 승계할 몫의 비율을 말한다. 상속분은 지정상속분과 법정상속분으로 구분되는데, 이중 지정상속분은 피상속인의 유언에 의하여 공동상속인의 상속분을 지정할 수 제도로, 유언에 의한 지정은 상속인이든 아니든 또는 개인이든 공공단체이든 제한이 없고 아들이든 딸이든 상관이 없다. 상속분의 지정은 피상속인이 유언에 의해만 할 수 있지만 유류분에 반하는 지정을 할 수는 없다. 피상속인이 공동상속인의 상속분을 유언으로 지정하지 않았을 경우에는 그 상속분은 법정상속분에 의한다. 또한 법정상속분은 동순위의 상속인이 수인인 때에는 그 상속분은 균분으로 하며, 피상속인의 배우자의 상속분은 직계비속 또는 직계존속과 공동으로 상속하는 때에는 직계비속과 직계존속의 상속분의 5할을 가산한다.

> 상속인의 상속분 = (상속개시당시 상속재산가액 − 기여분 + 상속인의 특별수익) × 상속지분율

☞ 상속분 산정시 상속개시당시 상속재산가액에는 유증이 포함된 것이고 상속인외의 자에 대한 특별수익(생전증여)은 제외대상이다. 다만 유류분 산정시에는 상속인 이외의 자에 대한 특별수익분을 가산할 수 있다.

2. 특별수익

특별수익이란 결혼자금이나 사업자금 등으로 생전증여나 피상속인으로부터 유증에 의해 받은 이익을 말하는데, 이 특별한 이익을 고려하지 않고 상속재산을 형식적·획일적으로 분할하게 되면 공동상속인들 사이에 불공평한 결과가 생긴다. 따라서 민법에서는 상속분 산정시 상속인이 피상속인으로부터 받은 증여 또는 유증을 법정된 상속분의 일부 또는 전부로 보고, 구체적인 상속분의 산정에서 이를 참작하도록 하였다. 또한 특별수익재산인 증여재산가액의 평가는 상속개시당시를 기준으로 평가한다.

$$
\text{특별수익자의 상속분} = (\text{상속개시당시 상속재산가액} - \text{기여분} + \text{상속인의 특별수익}) \times \text{상속지분율} - \text{상속인의 특별수익}
$$

3. 기여분

기여분제도는 공동상속인중 상당한 기간 동안 동거·간호 그 밖의 방법으로 피상속인을 특별히 부양(일면 효도상속 이라함)하거나 피상속인의 재산의 유지 또는 증가에 특별히 기여한 자가 있을 경우에는 피상속인이 상속개시 당시에 가지고 있던 재산의 가액에서 기여상속인의 기여분을 공제한 것을 상속재산으로 보고 상속분을 산정하여 이 산정된 상속분에다 기여분을 가산한 금액을 기여상속인의 상속분으로 한다. 또한 기여분은 상속재산가액에서 유증의 액을 공제한 액을 넘지 못한다(유증우선주의).

$$
\text{기여상속인의 상속분} = (\text{상속개시당시 상속재산가액} - \text{기여분} + \text{상속인의 특별수익}) \times \text{상속지분율} + \text{기여분}(\text{한도 : 상속재산가액} - \text{유증액})
$$

4. 유류분

유류분은 피상속인의 증여나 유증에 의해서도 침해되지 않는 상속재산의 일정부분으로, 일정한 범위의 상속재산을 유류분권리자에게 유보해 두고 그 한도를 넘는 유증이나 증여가 있을 때는 그 유류분권리자가 반환을 청구할 수 있게 하는 제도이다. 유류분은 비록 상속재산이 피상속인 명의로 소유하고 있다고 하더라도 일생을 살아가면서 가족 전체의 협력으로 이루어졌기 때문에 상속인에게 최소한의 재산이 돌아갈 수 있도록 하기 위하여 유언 또는 증여에 의하여 자유롭게 처분할 수 있는 재산의 범위를 제한한 제도이다.

상속의 단순승인, 한정승인,
상속포기 및 상속재산의 분할은 무엇인가요?

포괄적 답변

추상적으로 발생한 상속분의 권리·의무를 승계하는 방법으로 단순승인, 한정승인 및 상속포기가 있다. 즉 단순승인은 상속인의 피상속인의 상속재산과 채무를 조건없이 전부 수용하는 의사표시이고, 한정승인은 조건부 수용이고, 상속포기는 전면적으로 부인하는 의사표시이다. 그리고 상속재산 분할은 피상속인의 상속재산과 채무에 대한 수용여부를 결정한 뒤 구체적으로 상속재산과 채무의 귀속을 확정시키는 청산행위로 유언분할, 협의분할 및 법원분할로 구분한다.

세부적 답변

1. 단순승인, 한정승인 및 상속포기

상속인이 피상속인의 재산에 관한 포괄적 권리·의무를 승계하는 방법으로 단순승인·한정승인 및 상속포기(민법 제1019조, 1025조)가 있다. 단순승인이란 피상속인의 권리·의무를 아무런 제한 없이 승계하는 것으로, 상속인은 상속개시 있음을 안 날로부터 3월내에 단순 승인을 할 수 있다. 그러나 그 기간은 이해관계인 또는 검사의 청구에 의하여 가정법원이 이를 연장할 수 있다.

한정승인은 상속인이 상속으로 인하여 얻은 재산의 한도 내에서 피상속인의 채무와 유증을 변제할 조건으로 상속을 승인하는 것을 것으로, 상속인은 상속개시 있음을 안 날로부터 3월내에 상속재산의 목록(상속재산 중 이미 처분한 재산이 있는 경우에는 그 목록과 가액을 제출)을 첨부하여 가정법원에 한정승인의 신고를 하여야 한다. 그러나 그 기간은 이해관계인 또는 검사의 청구에 의하여 가정법원이 이를 연장할 수 있다. 또한 상속인은 상속채무가 상속재산을 초과하는 사실을 중대한 과실없이 상속개시 있음을 안날로부터 3월의 기간 내에 알지 못하고 단순승인을 한 경우에는 그 사실을 안 날부터 3월내에 한정승인을 할 수 있다.

상속의 포기란 상속개시도 인하여 불확정하기는 하나 일단 상속인으로서의 효력인 피상속인의 재산에 대한 모든 권리·의무의 승계를 전면적으로 부인하는 것으로, 피상속인의 소극적인 재산인 채무가 적극적인 상속재산보다 많은 경우에 이용한다.

또한 상속인은 상속개시 있음을 안 날로부터 3월내에 상속포기를 할 수 있다. 그러나 그 기간은 이해관계인 또는 검사의 청구에 의하여 가정법원이 이를 연장할 수 있다.

해설 1 상속개시 있음을 안 날의 의미와 특별한정승인제도

"상속개시 있음을 안 날" 이란 상속개시의 원인되는 사실(피상속인의 사망일)의 발생을 알고 또한 자기가 상속인이 되었음을 안 날을 의미하는 것으로, 상속재산 또는 상속채무가 있음을 안 날 또는 상속포기 제도를 안 날을 의미하는 것은 아니다.

따라서 선순위 상속인이 상속포기를 했지만 관련 사실을 후순위 상속인이 알지 못하고 상속개시일로부터 상당한 기간이 지나서야 상속인이 되었음을 안 경우에는 그 사실을 안 날로부터 3개월 이내에 한정승인이나 상속포기를 할 수 있다. 또한 2002년 민법개정으로 상속인이 상속채무가 상속재산을 초과하는 사실을 중대한 과실 없이 상속개시일부터 3월의 기간 내에 알지 못하고 단순승인을 한 경우에도 그 사실을 안 날로부터 3월 내에 한정승인을 할 수 있는 특별한정승인제도를 두고 있다(민법 제1019조 3항 신설). 따라서 상속인이 단순승인으로 간주되어 상속재산을 협의분할을 통해 상속재산을 처분하였더라도, 상속인이 상속채무가 상속재산을 초과한 사실을 중대한 과실없이 알지 못했다면 특별한정승인제도를 통해 그 사실을 안 날로부터 3월 내에 한정승인을 할 수 있다.

2. 상속재산의 분할

상속재산의 분할은 상속개시로 인하여 공동상속인간에 추상적으로 발생한 상속분의 권리·의무를 종료시키고 공동상속인별로 상속분에 대한 배분과 귀속을 확정시키는 것을 목적으로 하는 일종의 청산행위로 유언분할과 협의분할 및 법원분할로 구분된다. 유언분할은 피상속인의 유언으로 상속재산의 분할방법을 정하거나 이를 정할 것을 제3자에게 위탁하는 것을 말하고, 협의분할은 공동상속인간에 전원 협의에 의하여 상속재산을 분할하는 것을 말한다. 그리고 공동상속인간에 협의분할이 성립되지 않은 때에는 가정법원에 분할을 청구할 수 있다. 이 경우에 각 공동상속인은 우선 조정을 신청하고, 조정이 성립되지 않으면 심판을 청구 할 수 있다.

유언방식에는 무엇이 있나요?

포괄적 답변

유언은 일정한 방식을 따라야 하는 요식행위로 자필증서, 녹음, 공정증서, 비밀증서와 구수증서로 5가지 방법만을 인정하고 있다.

세부적 답변

1. 자필증서에 의한 유언

자필증서에 의한 유언은 유언자가 그 전문과 연월일, 주소, 성명을 자서하고 날인하는 방식으로, 유언의 5가지 방법 중 유일하기 증인의 참여가 불필요한 방식이다.

2. 녹음에 의한 유언

녹음에 의한 유언은 유언의 취지, 그 성명과 연월일을 구술하고 이어

참여한 증인이 유언의 정확함과 그 성명을 구술(민법 제1067조)하는 방식으로, 이에 참여한 증인은 본인의 육성에 의한 유언이 틀림없다는 것과 자기의 성명을 구술하여야 한다.

3. 공정증서에 의한 유언

공정증서에 의한 유언은 유언자가 증인 2인이 참여한 공증인의 면전에서 유언의 취지를 구수하고 공증인이 이를 필기 낭독하여 유언자와 증인이 그 정확함을 승인한 후 각자 서명 또는 기명날인(민법 제1068조)하는 방식으로, 공증증서는 국어로 써야 하고 검인절차가 필요 없는 방식(공증인법 제26조)이다.

4. 비밀증서에 의한 유언

비밀증서에 의한 유언은 유언자가 필자의 성명을 기입한 증서를 엄봉·날인하여 이를 2인 이상의 증인의 면전에 제출하여 자기의 유언서임을 표시한 후 그 봉서표면에 제출 연월일을 기재하고 유언자와 증인이 각자 서명 또는 기명날인하는 방식으로, 표면에 기재된 날로부터 5일 이내에 공증인 또는 가정법원 서기에게 제출하여 그 봉인상에 확정일자를 받아야 하는 방식이다(민법 제1069조).

5. 구수증서에 의한 유언

구수증서에 의한 유언은 질병 기타 급박한 사유로 인하여 상기의 방식에 의할 수 없는 경우에 유언자가 2이상의 증인의 참여로 그 1인에게 유언의 취지를 구수하고 그 구수를 받은 자가 이를 필기·낭독하여 유언자의 증인이 그 정확함을 승인한 후 각자 서명 또는 기명날인하는 방식으로, 증인 또는 이해관계인이 급박한 사유의 종료한 날로부터 7일내에 법원에 그 검인을 신청하는 방식이다(민법 제1070조).

1. 피상속인의 의식불명상태인 경우

유언공정증서를 작성할 당시에 유언자가 반 혼수상태였으며 유언공정증서의 취지가 낭독된 후에도 그에 대하여 전혀 응답하는 말을 하지 아니한 채 고개만 끄덕였다면 유언공정증서를 작성할 당시에 유언자에게는 의사능력이 없으며 그 공정증서에 의한 유언은 유언자가 유언의 취지를 구수하고 이에 기하여 공정증서가 작성된 것으로 볼 수 없으므로 무효가 된다. 따라서 이런 경우에는 유언서 작성시에 피상속인의 정신능력에 관한 의사의 소견서를 미리 받아두는 것이 필요하다.

2. 증인의 요건

증인은 유언자의 수익자와 그 배우자 및 직계혈족·공증인법에 의한 결격자 등은 유언에 대하여 특별한 이해관계가 있기 때문에 증인으로서 신용을 줄 수 없어 제외된다. 또한 미성년자·금치산자·한정치산자도 증인으로서 능력이 없어 배제된다.

질 문
07

이해상반행위가 무엇이며,
특별대리인의 역할은 무엇인가요?

포괄적 답변

이해상반행위는 친권자와 친권을 따르는 자 사이 또는 친권에 따르는
자 상호간에 이해가 충돌하여 친권자로부터 공정한 친권행사를 기대하기
어려운 경우를 말한다. 따라서 이러한 이해상반행위가 발생할 경우에는
친권자는 가정법원에 특별대리인의 선임을 청구하여 친권자의 법정대리
권을 제한하고 선임한 특별대리인과 친권자가 법률행위를 하도록 한 제
도이다.

세부적 답변

이해상반행위는 당사자간에 이해가 충돌되는 것으로 민법 제921조에
서 말하는 이해상반행위란 친권자가 그 친권에 따르는 자녀와 이해가 상
반되는 행위를 하거나, 또는 친권에 따르는 자와 그 친권에 따르는 다른
자와의 사이에 이해가 상반되어 친권자로부터 공정한 친권행사를 기대하

기 어려운 상황을 말한다.

따라서 이러한 경우에는 친권자가 가정법원에 특별대리인의 선임을 청구하도록 하여(민법 제921조), 친권자의 법정대리권을 제한하고, 가정법원이 선임한 특별대리인과 친권자가 법률행위를 하도록 하였다. 또한 친권에 따른 재산권 행사자가 자기자신을 위해서 한다거나 상속자 즉 아이에 이해상반되는 행위를 하는 등 아이의 재산권이 위험해질 경우에는 법률이 정하는 4촌 이내의 인척이 이를 제지하고 재산권 행사에 대해 특별대리인 선임을 청구할 수 있다.

이해상반행위와 상속지분반환소송(상속회복청구권)의 사례

재산가인 갑은 유언 없이 세상을 떠났고 상속인으로 부인과 성년인 아들, 미성년자인 딸을 뒀다. 몇 년이 지난 후에 성년이 된 딸은 아버지의 재산(부동산 등)이 모두 어머니와 오빠 명의로 되어 있고, 자신은 지분은 전혀 없다는 사실을 알게 되었다.

아버지가 돌아가신 뒤 가족간에 상속재산에 대한 별도의 합의가 있었지만, 그 당시 법정대리인인 어머니는 미성년자인 딸의 상속권 포기를 대리하여 피상속인의 모든 재산을 어머니와 오빠 명의로 했다. 이에 딸은 법정대리인인 어머니가 상속권 포기를 대리한 것은 이해상반행위를 한 것으로 이해상반행위를 할 경우에는 반드시 특별대리인을 선임하야 하는데 이를 하지 않았으므로 상속재산분할합의는 무효이므로, 본인(딸)의 법정지분에 해당하는 2/7를 돌려받기 위해 어머니와 오빠를 상대로 상속 지분을 돌려달라며 소송을 냈다.

Chapter 02

상속세와 증여세

상속세 계산 흐름은 어떻게 이루어지나요?

포괄적 답변

상속세 계산 흐름은 크게 상속세과세가액과 상속세과세표준 및 상속세로 나눌 수 있다. 즉 상속세과세가액은 민법상 상속재산(상속과 유증에 의한 재산 및 사인증여재산을 말함)에 간주상속재산과 추정상속재산을 가산하고 비과세상속재산과 과세가액불산입 및 공과금·장례비용·채무를 차감한 후 사전증여재산을 가산하여 계산한다. 두 번째로 상속세과세표준은 상속세과세가액에 9가지 상속공제와 감정평가수수료를 차감하여 산정하고, 세 번째인 상속세는 상속세과세표준에 세율을 적용한 후 세대생략가산액을 가산한 후 세액공제(문화재 등 징수유예 포함)를 차감하여 계산한다.

세부적 답변

상속세 계산 과정은 상당히 복잡한 과정을 거쳐 산정하는데 크게 3단계로 구분할 수 있다. 즉 첫 단계는 상속세과세가액을 산정하는 과정이고,

두 번째 단계는 상속세 과세표준을 산정하는 과정이고, 세 번째 단계는 상속세를 계산하는 과정이다. 각 단계별 계산 흐름을 정리해 보면 다음과 같다.

1. 상속세과세가액

상속재산가액	본래의 상속재산+간주상속재산(보험금·퇴직금·신탁재산)
+ 추정상속재산	상속개시전 1(2)년 이내 재산처분·인출액·채무부담액
= 총상속재산가액	
− 비과세 상속재산	국가등에 유증, 금양임야 등
− 과세가액불산입	공익법인 출연재산, 공익신탁 재산가액
− 공과금·장례비용·채무	
+ 사전증여재산	• 상속개시전 10(5)년 이내 상속인 등에게 증여한 재산 • 증여세 과세특례가 적용된 창업자금(조특법 제30의 5조)과 가업승계 주식가액(조특법 제30의 6조)은 기간에 상관없이 가산 한다.
= 상속세과세가액	

2. 상속세과세표준

상속세 과세가액	
− 상속공제	기초공제·배우자상속공제·기타인적공제·일괄공제·가업상속공제·영농상속공제·금융재산공제·재해손실공제·동거주택상속공제
− 감정평가수수료	감정평가법인 500만원, 비상장주식평가심의위원회 건별 일천만원
상속공제 종합한도	상속공제는 상속세과세가액에서 상속인이 아닌 자에게 유증(사인증여 포함)한 재산과 가산하는 증여재산가액 및 상속포기로 그 다음 순위의 상속인이 상속받은 재산가액을 차감한 금액을 한도로 한다.
= 상속세과세표준	

3. 상속세(신고납부세액)

상속세 과세표준	
× 세율	10% ~ 50%
= 산출세액	
+ 세대생략가산액	피상속인의 자녀가 아닌 직계비속에게 상속하면 30% 가산
= 산출세액 합계액	
− 문화재등징수유예세액	문화재자료, 박물관자료, 미술관자료
− 세액공제	증여세액공제, 외국납부세액공제, 단기재상속세액공제, 신고세액공제
+ 가산세	무신고 20%(부당 40%), 신고불성실 10%(부당 40%) 납부불성실 1일 3/10,000(연간 10.95%)
= 차가감납부할세액	
− 연부연납세액	세액이 2,000만원 초과시 적용. 분할기간 5년으로 하되 가업상속의 경우에는 2년거치 5년 또는 3년거치 12년
− 물납세액	부동산과 유가증권의 가액이 상속재산가액의 2분의 1을 초과하고 상속세 납부세액이 1천만원을 초과하는 경우
− 분납세액	납부세액이 1천만원 이상
= 신고납부세액(상속세)	

상증법상 상속세는 유산세방식이고 증여세는
유산취득세방식이라고 하는데 유산세방식과
유산취득세방식의 차이점이 무엇이고 상속세와
증여세의 과세상의 차이점은 무엇인가요?

포괄적 답변

상속세의 계산방법은 유산전체를 과세단위로 하는 방법으로 유산세 방식이 있고, 상속인이 각자 취득하는 재산을 과세단위로 하는 방법으로 유산취득세 방식이 있다. 현재 우리나라의 상속세는 유산세 방식을 취하고, 증여세는 유산취득세 방식을 취하고 있다. 또한 상속세는 자연인의 사망으로 인하여 피상속인의 재산(유증과 사인증여 포함)이 상속인에게 무상으로 이전되는 것에 대하여 상속인에게 부과하는 조세이고, 증여세는 자연인(증여자)이 생전에 타인에게 무상으로 재산을 이전하는 것에 대하여 수증자에게 부과하는 조세이다.

세부적 답변

상속세의 계산방법은 우산전체를 과세단위로 하는 방법으로 유산세 방식과 상속인이 각자 취득하는 재산을 과세단위로 하는 방법으로 유산취득세 방식이 있다. 현재 우리나라의 상속세는 유산세 방식으로 피상속인의 사망으로 상속인에게 재산(유증과 사인증여 포함)이 무상으로 이전되는 것에 부과하는 조세이다. 따라서 상속분에 따른 분할을 하지 않은 피상속인의 유산총액에 대하여 누진세율을 적용하며, 피상속인을 기준으로 과세표준과 세액을 계산한다.

반면에 증여세는 자연인이 생전에 타인에게 무상으로 재산을 이전되는 것에 부과하는 조세로 유산취득세 방식을 취하고 있다. 따라서 수증자가 증여자로부터 받은 재산총액에 대하여 누진세율을 적용하여 수증자 기준으로 과세표준과 세액을 계산한다. 간단한 사례를 통해 유산세방식과 유산취득세방식을 비교해보면 다음과 같다.

1. 상속세(유산세 방식) 계산 사례

아버지가 유언없이 사망하여 시세 30억원인 상가건물을 유산으로 남겼다. 상속인들은 민법상 법정지분대로 협의분할하기로 합의했고, 각 상황별로 상속인 구성은 다음과 같다. 또한 상속공제는 최소금액만을 적용하되, 상속일이 속하는 달의 말일로부터 6개월 이내에 상속분할등기와 상속세 신고를 하고 당해 상속일 이전 10년 이내에 피상속인이 상속인에게 증여한 사실이 없다고 가정한다.

상황 1 : 배우자와 자녀 2인이 있는 경우
상황 2 : 배우자만 있는 경우
상황 3 : 자녀만 2인이 있는 경우

	상황 1	상황 2	상황 3
상속재산	30억원	30억원	30억원
− 상속공제	−10억원	−7억원	−5억원
= 상속세 과세표준	20억원	23억원	25억원
× 한계세율	40%	40%	40%
= 산출세액	6.4억원주1)	7.6억원	8.4억원
− 신고세액공제	−0.64억원	−0.76억원	−0.84억원
= 상속세	5.76억원	6.84억원	7.56억원

주1) 2.4억원 + 10억원 × 40% = 6.4억원

상속공제 중 인적공제의 최소금액

상속공제 중 인적공제라 함은 기초공제, 기타인적공제, 일괄공제 및 배우자공제를 말한다. 이때 인적공제는 배우자 유무 또는 자녀 유무에 따라 인적공제 최소금액이 달라지는데 각 상황별로 정리해 보면 다음과 같다.

상황	상속공제 중 인적공제의 최소금액
배우자와 자녀가 있는 경우	10억원(일괄공제 5억원과 배우자공제 5억원)
배우자는 있고 자녀가 없는 경우	7억원(기초공제 2억원과 배우자공제 5억원)
배우자는 없고 자녀만 있는 경우	5억원(일괄공제 5억원)

배우자 공제는 최소 5억원에서 30억원까지 공제가 가능하고, 일괄공제는 5억원이나 자녀가 없는 경우에는 배우자가 단독으로 상속받기 때문에 일괄공제를 적용할 수 없고 기초공제 2억원이 가능하다. 또한 배우자가 없고 자녀만 있는 경우에는 일괄공제 5억원을 공제 받는다.

2. 증여세(유산취득세 방식) 계산 사례

아버지가 시세 30억원인 상가건물을 부인, 아들(40세), 아들의 배우자(며느리) 및 손자(10세)에게 각각 25%, 50%, 3%, 22%씩 생전에 증여한 경우 각 수증자의 증여세를 계산해 보면 다음과 같다. 또한 증여일이 속하는 달의 말일로부터 3개월 이내에 증여세 신고를 하고 당해 증여일 이전 10년 이내에 증여받은 사실이 없다고 가정한다.

	부인(25%)	아들(50%)	며느리(3%)	손자(22%)
증여재산가액	7.5억원	15억원	0.9억원	6.6억원
− 증여재산공제	−6억원	−0.3억원	−500만원	−0.15억원
= 증여세과세표준	1.5억원	14.7억원	0.85억원	6.45억원
× 한계세율	20%	40%	10%	30%
= 산출세액	2,000만원주1)	4.28억원	850만원	133,500,000원
+ 할증과세(30%)				173,550,000원
− 신고세액공제(10%)	−200만원	−4,280만원	−85만원	17,355,000원
=증여세	1,800만원	385,200,000원	765만원	156,195,000원
증여세 합계	567,045,000원			

주1) 1천만원 + 0.5억원 × 20% = 2,000만원

3. 관련 규정

(1) 증여재산공제

구　　분	10년 단위 공제액
배우자(법률혼만 인정)로부터 증여받은 경우	6억원
직계존·비속으로부터증여받은 경우	3,000만원, 다만 미성년자가 직계존속으로부터 증여받은 경우에는 1,500만원
6촌이내의 혈족, 4촌 이내의 인척으로부터 증여받은 경우	500만원

(2) 상속세와 증여세 세율

과　세　표　준	세　　율
1억원 이하	10%
1억원 초과 5억원 이하	1천만원 + 1억원 초과액의 20%
5억원 초과 10억원 이하	9천만원 + 5억원 초과액의 30%
10억원 초과 30억원 이하	2억 4천만원 + 10억원 초과액의 40%
30억원 초과	10억 4천만원 + 30억원 초과액의 50%

(3) 세대생략가산액(할증과세 30%, 상증법 제57조)

수증자가 증여자의 자녀가 아닌 직계비속인 경우에는 산출세액의 30%에 상당하는 금액을 가산한 금액을 산출세액으로 한다. 다만 증여자의 최근친인 직계비속이 사망하여 그 사망한 자의 최근친인 직계비속이 증여받는 경우에는 그러하지 아니한다. 상속세도 동일하게 상속인 중 피상속인의 자녀를 제외한 직계비속인 있는 경우에는 동 상속인이 받은 상속가액에 대하여 30%에 상당하는 금액을 가산한다. 다만 대습상속의 경우에는 할증과세를 하지 않는다.

(4) 신고세액공제(상증법 제69조)

법정신고기한 내에 증여세와 상속세를 신고한 경우에는 신고세액공제를 적용한다. 증여세와 상속세를 신고하고 납부하지 않은 경우에도 신고세액공제를 적용한다. 신고세액공제는 산출세액에서 문화재 등 징수유계금액과 신고세액공제 이외의 세액공제액을 차감한 금액의 10%로 한다.

① 증여세 법정신고기한 : 증여일이 속하는 달의 말일로부터 3월
② 상속세 법정신고기한 : 상속개시일이 속하는 달의 말일로부터 6개월

상속재산을 협의분할 할 경우 서둘러서
상속등기를 해야 한다고 하는데
그 이유는 무엇인가요?

포괄적 답변

상속공제는 총 9가지 공제제도가 있다. 이 중 배우자상속공제(최소 5억원, 최대 30억원)는 가업상속공제(최소 2억원, 최대 100억원) 다음으로 큰 공제 혜택이 있기 때문에 배우자상속공제를 5억원을 초과해서 받기 위해선 원칙적으로 상속세과세표준 신고기한으로부터 6월까지 상속인간에 전체 협의를 통해 상속재산분할협의서를 작성한 후 배우자 명의로 상속재산을 등기·등록해야 한다.

세부적 답변

배우자 상속공제를 5억원을 초과하여(최대 30억원까지 가능함) 받기 위해선 상속세과세표준 신고기한으로부터 6월까지 배우자 명의로 반드시 등기·등록·명의개서 등을 하여 배우자의 상속재산을 신고해야 한다. 다만 부득이한 사유(상속회복청구의 소 등)가 있는 경우에는 6개월이 더 연장된다. 따라서 상속공제 중에서 공제금액이 큰 배우자상속공제를 충분히 받기 위해선 상속인간 협의분할을 서둘러 할 필요가 있다. 배우자상속공제 규정을 살펴보면 다음과 같다.

거주자의 사망으로 상속이 개시된 경우 그의 배우자(법률혼만 인정)가 있으면 배우자상속공제를 받을 수 있다. 공제금액은 하한선 5억원에서, 상한선 30억원 사이에서 배우자가 실지로 상속(승계한 상속채무를 차감함)받은 금액(①)과 배우자의 법정상속재산가액(②) 중 작은 금액으로 하고, 계산은 다음과 같이 한다.

배우자상속공제(하한선 5억원, 상한선 30억원) : MIN(①,②)

① 배우자가 실제로 상속받은 금액(추정상속재산가액 제외)
② 배우자의 법정상속분 − 가산한 증여재산 중 배우자 증여분에 다한
　 과세표준

여기서 배우자의 법정상속분은 다음과 같이 계산한다.

{총상속재산가액 + 상속인에 대한 증여재산가액 중 합산된 금액 − 상속인 이외의 자에게 유증·사인증여한 재산가액 − 비과세·과세가액불산입 − 채무·공과금 } × 배우자의 법정상속지분

☞ 배우자의 법정상속지분은 민법에 의한 법정상속지분으로 공동상속인 중 상속을 포기한 자가 있는 경우에도 포기하기 전의 배우자의 법정상속분을 말한다.

부부가 동시에 사망한 경우의 상속세 계산

상속관계에 있는 사람이 동시사망의 추정을 받으면 동시에 사망한 자들 사이에는 상속이 발생되지 않는다. 따라서 부부가 동시에 사망하였을 경우에는 상속세의 과세는 부부각자의 상속재산에 대하여 각각 개별로 계산하여 과세하되, 배우자상속공제는 적용하지 않는다(상증통 13-0…2).

상속공제제도 중 가업상속공제 혜택이
제일 크다고 하는데 그 요건과 공제금액은
얼마나 되나요?

포괄적 답변

2012년부터 가업상속공제제도가 전면 확대되어 상속공제금액이 300억원(20년 이상 가업 운영한 경우)까지 확대되었고, 2010년도에는 피상속인의 가업 영위기간 기준이 80% 이상에서 60% 이상 또는 상속개시 전 10년 중 8년 이상 기간을 대표자로 재직으로 완화되었고, 2011년도에는 가업상속공제 대상기업에 연매출 1,500억원 이하의 중견기업도 포함되어 가업상속공제대상 중소기업이 확대되었다.

세부적 답변

1. 의의

가업상속공제란 피상속인이 생전에 영위한 사업에 대하여 일정한 요건에 해당되는 경우에 상속인에게 승계하도록 함으로써 피상속인이 영위하던 가업이 상속인에게 승계되어 계속 영위할 수 있도록 지원하기 위하여

공제하는 것을 말한다(상증법 제18조).

가업상속공제 : MAX[①, ②]
① 가업상속재산가액의 70%(피상속인이 계속 경영한 기간이 10년 이상 15년 미만
이면 100억원, 15년 이상 20년 미만이면 150억원, 20년 이상이면 300억원 한도)
② 2억원(가업상속재산가액이 2억원 미만인 경우에는 가업상속재산가액으로 함)

여기서 가업상속재산이라 함은 소득세법의 적용을 받는 가업(개인기업)
은 상속재산 중 가업에 직접 사용되는 토지, 건축물, 기계장치 등 사업용
자산을 말하고, 법인세법의 적용을 받는 가업(법인기업)은 상속재산 중 가
업에 해당하는 법인의 주식 등(법인의 사업용자산 비율에 상당하는 가액)을 말
한다.

2. 가업, 최대주주 및 피상속인 요건

가업상속공제 대상이 되는 가업은 조특법상 중소기업(매출액 1,500억원
이하의 일정 중견기업 포함)으로서 피상속인이 10년 이상 계속하여 경영한 기
업으로, 법인기업의 경우에는 피상속인이 당해법인의 최대주주 또는 최
대출자자인 경우로서 그와 특수관계에 있는 자의 주식 등을 합하여 발행
주식총수 등의 100분의 50(한국증권선물거래소에 상장되어 있는 법인의 경우에
는 100분의 30)이상을 보유해야 한다(상증령 제19조). 피상속인(최대주주 중 1인
만 가능)은 가업의 영위기간 중 60% 이상 또는 상속개시전 10년 중 8년 이
상 기간을 대표이사(공동대표이사 포함, 재산-478, 2010.7.2)로 재직하여야 한
다. 이 때 "가업의 영위기간"을 계산할 때 그 기산일은 법인이 처음으로
재화 또는 용역의 공급을 개시한 때부터 기산한다(재산-489, 2010.7.7).

3. 상속인 요건

다음의 요건을 모두 충족한 상속인이어야 한다.

① 상속개시일 현재 18세 이상일 것
② 상속개시일 2년 전부터 계속하여 직접 가업에 종사할 것. 다만, 천
   재지변, 인재 등으로 인한 피상속인의 사망으로 부득이한 사유가 있
   는 경우에는 그러하지 아니한다. 상속인이 직접 가업에 종사한 기간
   의 판정시 상속인이 가업에 종사하다가 중도에 퇴사한 후 다시 입사
   한 경우 재입사전 가업에 종사한 기간은 포함하지 아니한다. 다만,
   당해 가업에 종사할 수 없는 부득이한 사유가 있는 경우에는 그러하
   지 아니하다.
③ ① 및 ②의 요건을 갖춘 상속인 1인이 당해 가업의 전부를 상속받을
   것
④ 가업을 상속받은 상속인은 상속세 과세표준 신고기한까지 임원으로
   취임하고 신고기한부터 2년 이내에 대표이사로 취임할 것

중소기업의 가업승계를 원활히 하기 위한 세법상 지원은 가업상속공제 이외에도 있나요?

포괄적 답변

중소기업의 가업승계를 원활히 하기 위한 세법상 지원은 가업상속공제 이외에도 가업승계에 대한 증여세 과세특례와 창업자금에 대한 증여세 과세특례 제도가 있다. 동 제도는 주식과 현금 증여에 대해 5억원까지 공제한 후 5억원 초과금액에 대하여 저율의 세율(10%)로 증여세를 부과함으로 인해 세부담을 최소화하면서 주식의 무상이전을 통해 가업승계를 조기에 정착시킬 수 있고, 현금 증여를 통해 중소기업의 창업활동을 지원하고 있다.

세부적 답변

가업승계와 창업자금에 대한 증여세 과세특례는 중소기업의 가업승계를 원활히 지원하기 위해 선행절차로 증여를 통한 세부담 감소효과를 주고, 후행절차로 가업상속공제를 통해 상속세 부담을 최소화하려는 입법 취지로 도입되었다. 동 제도를 소개하면 다음과 같다.

1. 가업승계에 대한 증여세 과세특례

가업승계에 대한 증여세과세특례는 18세 이상인 거주자가 조특법상 중소기업을 10년 이상 계속하여 영위한 최대주주로서 60세 이상의 부모로부터 해당 가업의 승계를 목적으로 주식(증여세과세가액 30억원을 한도)을 2013.12.31까지 증여받고 증여세 과세표준 신고기한까지 가업에 종사하고, 증여일로부터 5년 이내에 대표이사에 취임하면, 증여세 과세가액에서 5억원을 공제하고 세율을 10%로 하여 증여세를 부과한다. 동 제도는 비상장중소기업 중 주식가치가 급격히 상승하는 기업에 적용할 경우 주식가치 상승전의 주식가액을 상속재산가액에 가산하기 때문에 상속세 부담을 완화시킬 수 있는 장점이 있다.

2. 창업자금에 대한 증여세 과세특례

18세 이상인 거주자가 조특법상 중소기업을 창업(증여일로부터 1년 이내에 창업을 해야 하고, 3년내 창업자금을 사용해야함)할 목적으로 60세 이상의 부모로부터 토지·건물 등 양도소득세가 과세되는 재산을 제외한 재산(증여세 과세가액 30억원 한도)을 2013년 12월 31일까지 증여받는 경우에는 증여세 과세가액에서 5억원을 공제하고 세율을 10%로 하여 증여세를 부과한다

3. 증여세 과세특례의 유용성

원칙적으로 사전 증여한 재산가액은 상속인의 경우에는 상속개시일로부터 소급하여 10년 이내의 것만 상속재산가액에 합산하고, 그 이전의 것은 합산 배제대상이기 때문에 사전증여를 통해서 상속재산의 분산효과를 통한 상속세 절감효과를 크게 기대할 수 있었지만 가업승계와 창업자금

에 대한 증여세 과세특례는 증여시점과 상관없이 피상속인의 상속재산가액에 합산하기 때문에 상속세 세부담 감소효과를 크게 기대하기가 어렵게 되었다. 즉 가업승계를 원활히 지원하기 위해서는 피상속인의 사망으로 인한 상속세 부담을 완화하는 것이 제일 중요한데, 오히려 저율로 증여세를 부담한 후 피상속인의 상속재산가액에 합산하여 선증여 후정산으로 사전증여재산가액에 고율의 높은 상속세율을 적용하기 때문에 오히려 상속인에게 세부담을 증가시키는 역효과를 가져올 수 있다.

연부연납제도를 활용하면
어떤 점이 좋은가요?

포괄적 답변

연부연납제도는 상증법에만 있는 제도로 상속세나 증여세 납부세액이
2천만원을 초과하는 경우에 관할세무서장의 허가를 받고 납세담보를 제
공하면 적용받을 수 있다. 또한 연부연납제도는 상속세나 증여세를 작게
는 5년 길게는 15년간 나눠서 낼 수 있기 때문에 세부담이 크지 않고 그에
따른 가산금이 현행 연간 3.7%이기 때문에 과도한 상속세나 증여세를 부
담하기 위해 특정 재산을 급매물로 처분하거나 은행에 담보대출을 이용
할 경우보다 매우 저렴한 금융비용을 부담하는 장점이 있다.

세부적 답변

1. 연부연납제도

상속세 납부세액 또는 증여세 납부세액이 2천만원을 초과하는 경우에
관할세무서장의 허가를 받아 상속세를 연부연납 할 수 있다. 연부연납을

하는 경우 납세의무자는 부동산 납세담보보험증권 등의 납세담보를 제공하여야 한다. 연부연납기간은 다음의 구분에 따른 기간의 범위에서 납세의무자가 신청한 기간으로 한다. 다만 각 회분의 분납세액이 1천만원을 초과하도록 연부연납기간을 정하여야 한다(상증법 제71조). 또한 연부연납세액 납부시 국세청장이 정하는 이자율(2011.4.11부터 3.7%)에 의하여 계산한 연부연납가산금을 각 회분 분납세액에 가산하여 납부하여야 한다.

구 분	연 부 연 납 기 간
가업상속재산에 대한 상속세액주1)	연부연납 허가 후 2년이 되는 날부터 5년. 다만 상속재산(상속인이 아닌 자에게 유증한 재산 제외) 중 가업상속재산이 차지하는 비율이 50% 이상인 경우에는 연부연납 허가 후 3년이 되는 날부터 12년
기타	연부연납 허가일부터 5년

주1) 가업상속재산에 대한 상속세액 = 상속세 납부세액 × 가업상속재산가액 / 총상속재산가액

2. 계산사례

상속세 1.5억원을 5년간 연부연납하는 경우 매회 납부할 금액을 계산하면 다음과 같다.

구분	연부연납금액	연부연납가산금	매회 납부할 금액
신청시	2,500만원	없음	25,000,000원
1차연도	2,500만원	125,000,000 × 3.7% = 4,625,000원	29,625,000원
2차연도	2,500만원	100,000,000 × 3.7% = 3,700,000원	28,700,000원
3차연도	2,500만원	75,000,000 × 3.7% = 2,775,000원	27,775,000원
4차연도	2,500만원	50,000,000 × 3.7% = 1,850,000원	26,850,000원
5차연도	2,500만원	25,000,000 × 3.7% = 925,000원	25,925,000원
합계	1.5억원	13,875,000원	163,875,000원

증여세 계산 흐름은 어떻게 이루어지나요?

포괄적 답변

증여세 계산 흐름은 크게 증여세과세가액과 증여세과세표준 및 증여세로 나눌 수 있다. 즉 증여세과세가액은 민법상 증여에 증여의제와 증여추정 및 10년 이내 증여재산가액을 가산하고 비과세·감면재산가액과 과세가액불산입을 차감하여 계산한다. 두 번째로 증여세과세표준은 증여세과세가액에 증여재산공제와 재해손실공제 및 감정평가수수료를 차감하여 산정하고, 세 번째인 증여세는 증여세과세표준에 세율을 적용한 후 세대생략가산액을 가산한 후 세액공제(문화재 등 징수유예 포함)를 차감하여 계산한다.

세부적 답변

증여세 계산 과정은 상속세에 비해 덜 복잡한 과정을 거쳐 산정하는데 크게 3단계로 구분할 수 있다. 즉 첫 단계는 증여세과세가액을 산정하는 과정이고, 두 번째 단계는 증여세과세표준을 산정하는 과정이고, 세 번째 단계는 증여세를 계산하는 과정이다. 각 단계별 계산 흐름을 정리해 보면 다음과 같다.

1. 증여세과세가액

증여재산가액	증여의제·증여추정은 가산하고 부담부증여시 수증자가 인수한 채무는 차감함
+ 10년이내 증여재산가액	동일인으로부터 10년 이내 증여받은 재산가액
− 비과세·감면재산가액	사회통념상 인정되는 치료비·생활비·교육비, 장애인이 보험금수취인인 보험금, 영농자녀가 증여받은 농지 등
− 과세가액불산입	공익법인출연재산, 공익신탁재산가액, 장애인증여재산가액
= 증여세과세가액	

2. 증여세과세표준

증여세과세가액	
− 증여재산공제	10년 단위로 배우자 6억원, 직계존비속 3천만원 (미성년자 1,500만원), 친족 500만원
− 재해손실공제	증여재산가액 중 천재 등으로 멸실된 가액
− 감정평가수수료	500만원(평가심의위원회에 의한 비상장주식평가는 1,000만원 한도)
= 증여세과세표준	

3. 증여세

증여세과세표준	
× 세율	상속세의 세율(10%~50%)과 동일함
= 증여세 산출세액	
+ 세대생략가산액	30% 할증과세
= 산출세액합계	
− 문화재등징수유예액	증여재산 중 박물관자료와 미술관자료가액

− 세액공제액	기납부세액공제, 외국납부세액공제, 신고세액공제(10%)
− 기타감면세액공제	
+ 가산세	무신고 20%(부당 40%), 신고불성실 10%(부당 40%) 납부불성실 1일 3/10,000(연간 10.95%)
= 차가감납부세액	
− 연부연납세액	세액이 2,000만원 초과시 적용, 분할기간 5년
− 물납세액	부동산과 유가증권의 가액이 상속재산가액의 2분의 1을 초과하고 상속세 납부세액이 1천만원을 초과하는 경우
− 분납세액	세액이 1,000만원 초과시 적용
= 신고납부세액(증여세)	

배우자와 이혼할 때 세금을 절약할 수 있는
방법이 있다고 하는데, 어떤 방법이 있나요?

포괄적 답변

배우자와 이혼을 할 때는 재산분할과 위자료 지급문제를 고려해야 한다. 즉 재산분할로 현금과 부동산 등을 배우자에게 지급하는 것은 쌍방에게 세금을 부과하지 않지만, 위자료를 부동산으로 지급하면 지급자에게 양도소득세를 부과한다. 따라서 위자료를 현금으로 지급하거나 부동산으로 줄 경우에는 소유권이전 등기원인을 재산분할 청구권으로 하면 부담해야할 세금이 없게 된다.

세부적 답변

이혼 등에 의하여 정신적 또는 재산상 손해배상의 대가로 받는 위자료와 이혼한 자 일방이 민법에 의하여 재산분할청구권(사실혼 관계를 해소한 경우에도 포함:대법원 2005두15595, 2006.6.24)을 행사하여 취득하는 재산은 조세포탈의 목적이 있다고 인정되는 경우를 제외하고는 이를 증여로 보지 아니한다(상증통 31-24-6). 다만 양도소득세 과세대상 재산으로 위자료를 지급하는 경우에는 대물변제에 해당되어 그 지급자는 양도소득세 납부의무가 있다. 참고로 증여세와 양도소득세 과세여부를 정리해 보면 다음과 같다.

구분	증여세	양도소득세	취득자의 양도시 취득시기
위자료	과세 안됨	부동산 등으로 위자료 지급하면 지급자는 양도소득세 부담하야하고, 현금으로 지급하면 세금이 없다.	취득자의 소유권이전등기접수일
재산분할 청구권	과세 안됨	과세 안됨	분할 전 배우자의 취득시기

해설 1 이혼위자료의 절세방법

요즘에는 이혼한 부부가 많이 늘고 있는데 위자료 명목으로 부동산을 넘겨(등기원인는 이혼위자료 지급)주면 양도자(위자료 지급자)는 양도소득세를 부담해야 하고, 등기원인을 증여로 할 경우에는 부동산가액에서 6억원을 차감한 금액에 증여세율 10%~50%를 곱하여 수증자(위자료 수령자)가 증여세를 부담해야 한다. 따라서 이런 부분을 해소하는 방법으로는 위자료를 현금으로 지급하거나 또는 위자료를 부동산으로 변제해야 할 경우에는 등기원인을 재산분할청구에 의한 소유권이전으로 하면 양도소득세나 증여세를 부담할 필요가 없다. 또한 재산분할청구에 의한 부동산 취득의 경우에는 특례세율(2%)을 적용하여 매매(4%)나 증여(3.5%)에 비해 취득세 부담을 감소시킬 수 있다.

증여재산공제를 이용해서
증여세를 줄일 수 있다고 하는데,
그 방법은 무엇인가요?

포괄적 답변

증여재산공제의 분산효과를 이용한 방법으로 자녀가 기혼자인 경우, 자녀를 단독수증자로 하여 증여하기보다는 자녀와 며느리 및 손자를 공동수증자로 하여 증여를 하면 증여재산이 분산되어 증여세 한계세율이 낮아져서 증여세가 감소하는 방법이다.

세부적 답변

통상 상속세를 감소시키기 위해 또는 실질적인 자녀의 재산증가 효과를 얻기 위해 사전증여를 많이 한다. 다만 자녀가 기혼자인 경우에는 동일한 금액을 증여하더라도 자녀를 단독수증자로 하는 것보다 자녀와 며느리 및 손자를 공동수증자로 하여 증여재산을 분산시킬 경우에는 이에 따른 절세효과를 볼 수 있다. 즉 증여재산공제의 분산(절세)효과란 증여재산공제를 극대화하면서 단독증여의 경우에 적용받는 한계세율을, 분산증

여로 각 수증자별로 적용받은 한계세율을 낮춰서 절세효과를 얻는 방식
이다.

수증자	단독 수증자	공동 수증자		
	아들	아들	손자(미성년자)	며느리
현금증여액	5억원	2.8억원	1.15억원	1.05억원
증여재산공제	3,000만원	3,000만원	1,500만원	500만원
증여세과세표준	4.7억원	2.5억원	1억원	1억원
증여세한계세율	20%	20%	10%	10%
증여세주1)	7,560만원	3,600만원	1,170만원	900만원
합계(절세효과)	7,560만원	5,670만원(절세효과 : 1,890만원)		

주1) 증여세 계산은 과세표준에 5단계 초과누진세율을 적용해서 산정하고, 아버지가 손자에
게 증여한 것에 대해선 세대생략가산액 30% 할증과세를 한다. 또한 증여일이 속하는
달의 말일로부터 3월내 증여서신고를 해서 신고세액공제 10%를 적용받은 것으로 가정
하고 산정한 것이다.

장애인을 자녀로 두고 있는 부모인데,
세법상 장애인을 위한 지원제도는
어떤 것이 있나요?

포괄적 답변

세법상 장애인을 위한 제도는 첫째는 연간 100만원까지 소득공제 혜택이고, 둘째는 치료비, 생활비 등의 증여세 비과세 혜택이고, 세 번째는 연간 4,000만원 이내의 보험금 비과세이고, 네 번째는 신탁제도를 이용한 증여세 과세가액불산입이다.

세부적 답변

1. 장애인전용보장성보험의 소득공제

근로자가 장애인전용보험(만기에 환급되는 금액이 납입보험료를 초과하지 않은 것)에 가입하여 기본공제대상자 중 장애인을 피보험자 또는 수익자로 하는 보험계약의 보험료를 납입하면 연간 100만원을 한도로 소득공제한다. 다만 장애인전용보장성보험료 공제와 일반보장성보험료 공제가 중복되는 경우에는 그 중 하나만을 선택한다.

2. 치료비·생활비 등의 증여세 비과세

사회통념상 인정되는 이재구호금품, 치료비, 피부양자의 생활비, 교육비 기타 이와 유사한 것에 대하는 증여세가 비과세된다. 다만, 증여세가 비과세되는 생활비 또는 교육비는 필요시마다 직접 이러한 비용에 충당하기 위하여 증여에 의하여 취득한 재산을 말하는 것이며, 생활비 또는 교육비의 명목으로 취득한 재산의 경우에도 당해 재산을 예·적금하거나 주식, 토지, 주택 등의 매입자금 등으로 사용하는 경우에는 증여세가 비과세되는 생활비 또는 교육비로 코지 아니한다(상증통 46–35…1①).

3. 연간 4,000만원 이내의 보험금 비과세(상증법 제46조)

장애인의 생계보장을 지월하기 위한 목적으로 장애인을 보험금수취인으로 하는 보험으로서 장애인복지법 제32조의 규정에 의하여 등록한 장애인 및 국가유공자 등 예우 및 지원에 관한 법률 제6조의 규정에 의하여 등록한 상이자를 수익자로 한 보험의 보험금은 증여세가 비과세되며, 기 경우 비과세되는 보험금은 연간 4천만원을 한도로 한다.

유쾌한 박세무사의 한마디!

장애인을 위한 연금보험상품의 설계

장애인을 보험금 수취인으로 하는 보험금은 연간 4천만원을 한도로 증여세 비과세한다. 다만 보험상품에 따른 별도의 제한이 없고 단지 장애인을 보험금 수취인으로 하는 보험계약이면 가능하기 때문에 적립식연금과 즉시연금으로도 설계가 가능하다. 또한 증여세 비과세 규정(상증법 제46조)과 증여세 과세가액불산입(상증법 제52조의 2)의 규정상 장대인은 거주자·비거주자를 불문한다(재산–606, 2010.8.18).

4. 장애인부양신탁을 통한 과세가액불산입(상증법 제52조의 2)

장애인부양신탁은 생전증여신탁으로 일정 조건을 충족하면 장애인에게 증여한 증여재산 중 5억원까지 증여세를 부과하지 않는 것으로, 실무적으로 부동산을 증여할 경우에는 (을)종부동산관리신탁상품을 이용하고, 현금을 증여할 경우에는 보험회사 등에서 판매하는 특정금전신탁상품을 이용한다.

장애인부양신탁은 상증법상 세제혜택을 고려하면서 신탁제도를 활용하여 당해 장애인이 사망 때까지 신탁회사가 재산을 관리해 주고 일정액의 생활비를 지급하게 하는 방법으로 장애인의 생활안정과 재산보호를 위한 방법으로 상증법상 과세가액불산입 조건은 다음과 같다.

장애인이 그의 직계존비속과 친족으로부터 재산(신탁업법에 의한 신탁회사에 신탁이 가능한 재산으로서 금전·유가증권·부동산에 한함)을 증여받은 경우로서 증여세 과세표준 신고기한 이내에 다음의 요건을 모두 갖춘 때에는 당해 증여받은 재산가액은 증여세과세가액에 산입하지 아니한다. 다만 당해 장애인이 생존기간 동안 증여받은 재산가액의 합계액을 기준으로 5억원을 한도로 한다.

① 증여받은 재산의 전부를 신탁업법에 의한 신탁회사에 신탁할 것
   ☞간접투자신탁상품에 투자하는 경우에는 증여세가 과세됨(서면4팀-963, 2004.6.29)
② 당해 장애인이 신탁의 이익의 전부를 받는 수익자일 것
③ 신탁기간이 당해 장애인이 사망할 때까지로 되어 있을 것. 다만, 신탁기간이 장애인의 사망 전에 만료되는 경우에는 신탁기간을 장애인이 사망할 때까지 계속 연장하여야 한다. 또한 신탁해지일 또는

신탁기간의 만료일부터 1월내에 동일한 종류의 신탁에 가입한 때에
는 신탁기간을 연장한 것으로 본다.

주식과 부동산을 명의신탁할 경우
어떤 문제가 발생하나요?

포괄적 답변

부동산명의신탁은 부동산실명법(부동산 실권리자 명의등기에 관한 법률)상 과징금과 형사처벌 대상이고, 주식명의신탁은 상증법상 증여의제로 보아 증여세 부과대상이다. 또한 부동산실명법과 상증법에서 규정하고 있는 대상은 타인명의로 되어 있는 재산을 실소유자 명의로 전환하지 않는 명의신탁과 실소유자가 소유권을 취득하였음에도 불구하고 장기간 실소유자 명의로 등록(주식은 명의개서)하지 않는 장기미등기(주식은 장기미명의개서)를 말한다.

세부적 답변

1. 부동산명의신탁

부동산실명법 시행일인 1995.7.1 이후에는 모든 부동산에 관한 물권은 명의신탁을 이용하여 다른 사람의 이름으로 등기할 수 없고 반드시 실권리자의 명의로만 등기하도록 의무화되었다. 부동산 실권리자 명의등기에 관한 법률에서 규정하고 있는 대상은 명의신탁과 장기미등기이다. 명의신탁은 실질적으로는 자신이 보유하고 있는 부동산을 다른 사람의 이름을 빌어 등기하는 것을 말하고, 장기 미등기는 매매나 증여에 의하여 부동산을 취득하고도 등기를 이전하지 않은 채로 원소유자 앞으로 장기간(3년 이상) 방치하여 두는 것을 말한다.

(1) 명의신탁의 벌칙

① 다른 사람의 이름을 빌어 등기한 실권리자인 명의신탁자에 대하여는 과징금(부동산가액의 10~30%)이 부과되고, 과징금 부과 후에도 실명으로 등기하지 않은 경우에는 과징금 부과 후 1년 경과시 10%, 2년 경과시 다시 20%의 이행강제금을 각각 부과한다.

② 명의신탁자에게는 5년 이하의 징역 또는 2억원 이하의 벌금이 부과되고, 이름을 빌려준 명의수탁자에게는 3년 이하의 징역 또는 1억원 이하의 벌금이 부과된다. 다만 형사처벌은 1995.7.1 이후 명의신탁을 한 경우만 적용되고, 1995.6.30 이전 명의신탁한 부동산인 경우에는 유예기간동안 실명전환하지 않더라도 형사처벌은 하지 아니하나 소정의 과징금은 부과된다.

③ 명의신탁행위를 교사하거나 방조한 자에 대하여도 형사처벌이 부과된다.

(2) 장기미등기의 벌칙

현재 부동산을 취득하고 매도인으로부터 등기를 이전하지 않은 경우 60일이 지나면 취득세의 최고 5배까지 과태료가 부과되도록 부동산등기특별조치법에 규정되어 있다. 부동산실명법은 이에 추가하여 취득일로부터 3년 내에 등기를 이전해오지 않으면 명의신탁의 경우와 같이 과징금,

이행강제금 및 형사처벌을 부과하도록 하고 있다. 다만 취득일이 1995.6.30 이전인 경우는 1995.7.1부터 3년의 기간이 시작된다.

2. 주식명의신탁

1999.1.1 이후부터는 명의신탁과세를 증여추정에서 증여의제로 전환하였는데, 조세회피목적이 없음을 납세자가 입증하면 증여의제로 보지 않는다. 또한 명의신탁증여의제 규정은 타인명의 재산을 실소유자 명의로 전환하지 않는 경우뿐만 아니라 실소유자가 소유권을 취득하였음에도 불구하고 명의개서를 하지 아니하는 경우(장기미명의 개서)에도 증여세를 과세하도록 하고 있다.

국세기본법 제14조 실질과세원칙에 불구하고 그 명의자로 등기 등을 한 날(장기미명의개서 재산의 경우에는 소유권취득일이 속하는 연도의 다음연도 말일의 다음날을 말한다)에 실질소유자가 그 명의자에게 증여한 것으로 의제하여 증여세를 부과한다. 다만 토지와 건물은 부동산실명제 시행으로 제외함. 또한 명의신탁주식에 대한 과실인 유상(무상 증자는 제외) 증자주식도 증여재산에 해당하며 이 경우 증여재산의 평가는 증여당시인 증자일의 평가가액에 의한다(국심92서4067, 1993.3.17). 참고로 주식의 명의개서를 한 날은 상법 제337조의 규정에 의하여 취득자의 주소와 성명을 주주명부에 기재한 때를 말한다. 다만 주주명부 등이 작성되지 않을 경우에는 주식등변동상황명세서 등에 의해 판정한다(상증법 제45조의 2 ③항, 통칙45의2-0-3, 2008.7.25).

부동산을 자녀에게 증여하려고 하는데,
부동산 중 어떤 것을 먼저 증여하는 것이
세법상 유리하나요?

포괄적 답변

부동산을 증여하는 순서는 상증법상 부동산평가 규정을 이용해서 시가보다 가장 저평가된 재산부터 증여하는 것이다. 즉 상증법상 재산의 평가원칙은 시가이나 시가의 산정이 어려운 경우에는 보충적 평가방법을 이용하여 토지는 개별공시지가, 건물은 기준시가, 주택은 개별주택가격 또는 공동주택가격으로 평가한다. 따라서 보충적 평가방법을 적용할 수 있는 재산은 시가보다 작게는 10%, 많게는 40% 정도 저평가되어 증여를 할 경우 절세효과를 얻을 수 있다.

세부적 답변

1. 시가평가의 원칙

상속세나 증여세가 부과되는 재산의 가액은 상속개시일이나 증여일(이하 평가기준일 이라한다) 현재의 시가에 의한다. 이때 시가는 불특정다수인 사이에 자유로이 거래가 이루어지는 경우에 통상 성립된다고 인정되는 가액으로 하고, 평가기준일 전·후 6월(증여재산의 경우에는 3월) 이내의 기간 중 매매·감정·수용·경매 또는 공매가 있는 경우로서 가액이 확인되는 경우에는 시가로 본다. 또한 평가기준일 전 2년 이내의 기간 중에 매매·감정·수용·경매 또는 공매가 있는 경우로서 가격 변동의 특별한 사정이 없다고 인정되는 때는 이를 시가로 적용할 수 있다. 만일 시가를 산정하기 어려운 경우에는 당해 재산의 종류·규모·거래상황 등을 감안하여 법 제61조부터 제65조까지 규정된 방법(보충적 평가방법)에 의하여 평가한 가액에 의한다.

2. 유사사례가액의 시가인정

2004.1.1이후부터 평가대상재산과 면적·위치·용도 및 종목이 동일하거나 유사한 다른 재산에 대한 매매사실이 있는 경우에는 그 거래가액, 2 이상의 감정기관이 평가한 감정가액이 있는 경우에는 그 감정가액의 평균액, 수용·경매 또는 공매사실이 있는 경우에는 그 보상가액·경매가액 또는 공매가액 등을 각각 시가로 적용한다. 다만 동 규정은 해당 재산의 시가가 없을 때에만 적용한다.

3. 부동산의 보충적평가방법

(1) 토지

① 일반지역 : 개별공시지가. 다만 평가기준일 현재 새로운 고시가액(매년 5월말에 발표함)이 없는 경우에는 직전 고시가액으로 한다

② 지정지역(현재 지정지역 없음) : 개별공시지가 × 국세청장이 정한 배율

(2) 건물

① 일반건물 : 국세청장 고시가격(=㎡당 금액 × 면적)

② 지정지역 내의 오피스텔 및 상업용건물 : 국세청 고시가격

(3) 주택

개별주택가격 및 공동주택가격(아파트와 165제곱미터 이상 연립·다세대). 다만 평가기준일 현재 새로운 고시가액(개별주택가격은 매년 4월말에 발표함)이 없는 경우에는 직전 고시가액으로 한다. 참고로 공동주택가격은 국토해양부 홈페이지의 공동주택가격열람 싸이트에서 조회하면 되고, 개별주택가격은 지자체 주택과에 문의해 보면 된다.

4. 부동산 증여순서

부동산을 증여받거나 상속받은 경우에는 해당 자산의 시가를 적용해야 한다. 다만 증여나 상속의 경우에는 무상이전이기 때문에 거래 쌍방간에 거래금액이 없기 때문에 감정가액, 수용보상가액, 경(공)매가액 및 유사사례가액을 적용한 금액을 시가로 본다. 따라서 공동주택 중 수요층이 두터운 중소형 아파트는 거래횟수가 많고 면적·위치 및 용도가 유사한 물건이 있을 가능성이 매우 높기 때문에 거의 시가에 근접한 유사사례가액을 적용하지만 공동주택 중 대형평형의 아파트는 반대로 유사사례가액을 확인하기 어려운 경우가 많아 시가의 70~80%인 공동주택가격으로 상속세나 증여세를 신고할 수 있다.

또한 단독주택과 상가 및 토지는 아파트에 비해 거래 빈도가 매우 낮고, 면적·위치 및 용도가 유사한 물건이 있을 가능성이 매우 낮기 때문에 보충적 평가방법을 이용해서 상속세나 증여세를 신고하더라도 무방하다. 특히 지방소재 토지의 경우에는 개별공시지가가 시가의 40%~60% 수준이기 때문에 부동산 중 지방소재 토지, 상가, 단독주택, 대형아파트 및 중

소형아파트 순으로 증여하는 것이 증여세 절감효과를 극대화 하는 방법이다. 또한 예외적으로 부동산 중 미래가치가 현저하게 상승할 것으로 예상되는 부동산은 수증자의 증여세가 비록 크더라도, 수증자의 재산증가 효과를 극대화할 수 있기 때문에 증여순서를 바꾸는 것도 좋은 방법이다.

상속세를 줄이기 위해서는 사전증여를
하라고 하는데,
그 이유가 무엇인가요?

포괄적 답변

사전증여플랜은 상속세를 효율적으로 절감할 수 있는 방법으로, 사전증여를 통해서 미래에 발생할 상속세 계산시 적용되는 고율의 한계세율(최고 50%)을 분산효과로 회피하고, 사전증여에 대해선 저율의 증여세를 부담하는 절세플랜이다. 다만 증여 후 10년 이내에 상속이 개시된 경우에는 사전증여재산가액을 상속재산가액에 합산한 후 과거에 납부한 증여세를 상속세의 기납부세액으로 보아 차감한다.

이때 상속재산가액에 합산하는 증여재산가액의 평가는 상속개시 시점의 평가가액이 아니라 증여당시 평가액으로 하기 때문에 특별한 사정이 없는 한 증여당시 평가액이 상속개시 시점의 평가가액보다 작기 때문에 여전히 절세효과는 얻을 수 있다.

세부적 답변

  사전증여플랜은 미래에 발생할 상속재산에 대한 상속세를 사전증여와 상속으로 재산을 분산시켜 고율의 상속세를 회피하는 절세전략이다. 또한 상속세 계산 과정상 상속개시일로부터 소급하여 10년 이내에 상속인에게 증여한 것은 합산하여 계산하되, 증여당시 평가금액을 합산금액으로 하기 때문에 부동산의 경우에는 특별한 사유가 없는 한 물가상승률 이상으로 상승하기 때문에 상속세 절감효과는 여전히 유효하다. 설명의 편의를 위해 예를 들어보기로 하겠다.

  가정 1 : 홍길동은 배우자 A와 자녀 B, C를 두고 있고 2011.1.1 기준으로 시가 60억원에 해당하는 부동산을 가지고 있다. 또한 부동산 시가는 매년 6%씩 상승하는 것으로 가정한다.

  가정 2 : 상속공제는 일괄공제 5억원과 배우자공제 5억원을 합하여 10억원으로 가정하고, 법정신고기한내 신고하여 신고세액공제 적용받는다. 또한 증여재산공제는 배우자로부터 받으면 6억원, 직계존속으로부터 받으면 0.3억원을 적용한다.

  가정 3 : 증여시기는 2011.1.1이고, 상속개시일은 2021.1.2이다. 또한 상속세를 증여시점 당시의 현재가치(시장이자율 4%로 가정하면 현가율은 0.67556)로 평가한다.

1. 사전증여 후 10년이 지나 상속이 개시된 경우

(1) 사전증여 안하고 전부 상속한 경우

상속재산가액	상속세 과세표준	한계세율	상속세
60억원×1.6=96억원	86억원	50%	34.56억원
상속세 현재가치(명목상속세×0.67556)			23.34억원
부동산 가액이 매년 6%씩 10년간 상승하고 상속세 계산시 한계세율 50% 적용받음			

(2) 배우자와 자녀에게 10%씩 사전증여하고 상속한 경우

수증자	증여재산가액	증여세 과세표준	한계세율	증여서
배우자	6억원	0원	0%	0원
자녀A	6억원	5.7억원	30%	0.99억원
자녀B	6억원	5.7억원	30%	0.99억원
상속재산가액	상속세 과세표준	한계세율	상속서
(60억원−18억원)×1.6 = 67.2억원	57.2억원	50%	21.60억원
상속세 현재가치(명목상속세×0.67556)			14.59억원
세 금 합 계			16.57억원

(3) 배우자와 자녀에게 25%씩 사전증여하고 상속한 경우

수증자	증여재산가액	증여세 과세표준	한계세율	증여서
배우자	15억원	9억원	30%	1.89억원
자녀A	15억원	14.7억원	40%	3.85억원
자녀B	15억원	14.7억원	40%	3.85억원
상속재산가액	상속세 과세표준	한계세율	상속서
(60억원−45억원)×1.6 = 24억원	14억원	40%	3.6억원
상속세 현재가치(명목상속세×0.67556)			2.43억원
세 금 합 계			12.02억원

사전 증여재산가액이 대폭 증가하여 상속세재산가액의 규모가 대폭 감소하여 그로 인한 부동산가액 상승분도 감소하그 한계세율도 낮아져 각 상황별로 세금합계가 제일 작은 경우가 됨. 즉 25%씩 배우자와 자녀에게 사전증여하는 것이 최적의 상속플랜 방법이다.

2. 사전증여 후 10년 이내 상속이 개시된 경우

배우자와 자녀에게 25%씩 사전증여하고 상속한 경우

수증자	증여재산가액	증여세 과세표준	한계세율	증여세
배우자	15억원	9억원	30%	1.89억원
자녀A	15억원	14.7억원	40%	3.85억원
자녀B	15억원	14.7억원	40%	3.85억원
상속재산가액		상속세 과세표준	한계세율	상속세
(60억원−45억원)×1.6+45억원(사전증여재산가액) = 69억원		59억원	50%	13.78억원주1)
상속세 현재가치(명목상속세×0.67556)				9.30억원
세 금 합 계				18.89억원

주1) 상속세(13.78억원) = 상속세산출세액(24.9억원) − 증여세액공제(9.59억원) − 신고 세액공제
(1.53억원−증여세액공제를 차감한 금액의 10%로 함)
사전증여 배우자와 자녀에게 했지만 10년 이내 상속이 개시된 경우라도 상속재산가액에
합산하는 가액은 증여당시 가액인 45억원(상속개시일 기준으로 45억원×1.6=72억원임)으로
했기 때문에 증여를 전혀 안한 경우보다 무려 4.45억원(23.34억원−18.89억원)의 절세효과
가 있다.

3. 결론

사전증여는 특별한 사정이 없는 한 상속세 절감효과는 생각보다 매우
높다. 특히 피상속인이 생전에 자녀나 배우자에게 얼마만큼 조기에 증여
했느냐에 따라 상속세 절감효과를 극대화 할 수 있다. 또한 증여 후 10년
이내에 상속이 개시된 경우라도 증여당시 재산가액을 기준으로 합산하기
때문에 상속세 절감효과가 있다. 특히 경기가 불황인 경우에는 부동산가액
이 대폭 하락하고, 법인의 경우에는 사업실적 악화로 해당 법인의 비상장
주식가액이 급격히 하락하기 때문에 사전증여하기엔 매우 좋은 시기이고,
부동산 중 토지(임야)나 상가 또는 평수가 큰 공동주택(또는 단독주택)의 경우
에는 매매사례가액이 없는 경우가 많아 기준시가를 기준으로 증여세를 낼
가능성이 매우 높기 때문에 사전증여를 결정하기 위해선 부동산물권별로
우선 순위를 정해 순차적으로 하는 것도 좋은 방법이 될 수 있다.

부담부증여가 단순증여나 양도소득세보다
세금이 적게 나온다고 하는데,
그 이유는 무엇인가요?

포괄적 답변

부담부증여는 단순증여에 비해 증여세의 높은 한계세율을 증여와 양도 형태로 구분하여 한계세율의 분산효과를 얻을 수 있을 뿐만 아니라, 투기지역 안에 있는 부동산을 부담부증여 방식으로 양도할 경우에는 양도차익을 기준시가로 산정(대법원 판례2006두7171, 2007.4.26)하기 때문에, 실거래가액에 의해 양도차익을 계산하는 방식에 비해 양도소득세 세부담 감소효과를 얻을 수 있다.

세부적 답변

1. 단순증여와 부담부증여

단순증여와 부담부증여의 차이는 수증자가 증여를 받는 동시에 일정한 채무나 일정 급부를 부담하는 경우에는 부담부증여라 하고, 일정급부를 부담하는 조건이 없는 경우에는 단순증여에 해당된다. 또한 부담부증여에 있어서 증여자의 채무를 수증자가 인수하는 경우에는 증여가액 중 그 채무액은 증여세 과세가액에서 차감하되, 차감한 채무액 상당부분은 자산이 유상으로 사실상 이전되는 것으로 보아 양도소득세를 부담해야 한다. 따라서 증여자는 수증자가 인수한 채무부담분에 대해 양도로 보아 양도소득세를 부담해야 하고, 수증자는 증여재산총액에서 채무에 해당하는 부분을 차감한 부분에 대해 증여세를 부담해야 한다.

2. 단순증여와 부담부증여의 과세비교

아래의 사례를 기준으로 단순증여를 할 경우와 부담부증여를 할 경우로 각각 나누어서 과세내용을 비교해 보면 다음과 같다.

(1) 가정 : 아버지는 부동산의 채무 5억원을 아들에게 승계하는 경우와 안한 경우를 나누어서 과세내용을 정리하되, 당해 부동산의 증여비율을 20%~50%로 나누어서 각각 계산하고, 부동산가액은 다음과 같다.

증여 및 취득시기	토지가액(시가)	건물가액(시가)
2010.12.31(증여시기)	19.5억원	8.4억원
1993.7.3(취득시기)	8억원	6.7억원

(2) 채무를 승계 안한 경우(단순증여)

증여지분율	20%	30%	40%	50%
증여재산가액	5.59억원	8.39억원	11.18억원	13.98억원
한계세율	30%	30%	40%	40%
증여세(아들부담)	0.88억원	1.64억원	2.47억원	3.48억원

증여재산가액은 [토지가액(19.5억원) + 건물가액(8.4억원)] × 증여지분율로 산정하고, 증여세 계산은 자녀에게 증여할 경우에는 자녀공제 3,000만원을 공제하고, 증여일로부터 3개월 이내에 신고하면 신고세액공제 10% 적용해서 계산한다.

(3) 채무를 승계 한 경우(부담부증여)

증여지분율	20%	30%	40%	50%
증여재산가액	C.59억원	3.39억원	6.18억원	8.98억원
한계세율	10%	20%	30%	30%
채무부담(승계)	5억원	5억원	5억원	5억원
증여세(아들부담)	264만원	0.46억원	1.16억원	2억원
양도소득세(아버지 부담)	0.42억원	0.42억원	0.42으원	0.42억운
세금합계	0.44억원	0.88억원	1.58으원	2.42억운
단순증여와 차액(절세금액)	0.44억원	0.76억원	0.89억원	1.06억운

(4) 절세효과

위에서 본 것처럼 단순증여를 한 경우보다 부담부 증여를 한 경우에는 작게는 0.44억원 많게는 1.C6억원의 절세효과를 얻을 수 있다. 즉 단순증여를 한 경우에는 한계세율이 30%~40%이지만, 부담부증여를 한 경우에는 분산효과로 인하여 한계세율이 10%~30%로 감소하여 조세절감 효과가 나오게 된 것이다.

양도소득세

양도소득세 계산 흐름은
어떻게 이루어지나요?

포괄적 답변

양도소득세 계산 흐름은 크게 양도소득금액과 양도소득과세표준 및 양도소득세로 나눌 수 있다. 즉 양도소득금액은 양도가액에서 취득가액과 기타필요경비 및 장기보유특별공제를 차감하여 계산한다. 두 번째로 양도소득과세표준은 양도소득금액에서 기본공제를 차감하여 계산하고, 세 번째인 양도소득세는 양도소득과세표준에 세율을 적용하여 계산한다.

세부적 답변

양도소득세 계산 과정은 상속세나 증여세에 비해 덜 복잡한 과정을 거쳐 산정하는데 크게 3단계로 구분할 수 있다. 즉 첫 단계는 양도소득금액을 산정하는 과정이고, 두 번째 단계는 양도소득과세표준을 산정하는 과정이고, 세 번째 단계는 양도소득세를 계산하는 과정이다. 각 단계별 계산 흐름을 정리해 보면 다음과 같다.

1. 양도소득세 계산 흐름

내　　　용	비　　　　　고
양도가액	양도가액과 취득가액은 실거래가(취득세 포함)를 원칙으로 하되
− 취득가액	부담부증여의 경우에는 기준시가로 할 수 있다.
− 필요경비	발코니 샤시비용, 방 등 확장공사비, 난방시설교체비용, 법무사 등기이전수수료, 취득 및 양도당시 중개사 복비수수료
= 양도차익	
− 장기보유특별공제	1세대 1주택은 보유기간 3년 이상에 따라 양도차익의 24%에서 80%이고, 그 외의 부동산은 10%에서 30%임
= 양도소득금액	
− 기본공제	토지·건물·부동산에 관한 권리·기타자산과 일반주식으로 구분하여 각각 연간 250만원 공제한다.
= 양도소득과세표준	
× 세율	별도로 후술함
= 양도소득산출세액	
− 예정신고세액공제	2010년부터 폐지됨
= 양도소득세	납부세액이 1,000만원 이상인 경우 2개월 거치 분납가능하고, 사업시행자가 발행한 보상채권으로 물납 가능함
지방소득세	양도소득세의 10%에 해당됨

2. 양도소득세 세율

(1) 부동산·부동산에 관한 권리

구　　　　　분	일반세율	특례세율주2)
① 미등기자산	70%	
② 1세대 3주택		2012년 말까지 양도한 것으로 투기지역 이외 지역은 기본세율, 투기지역은 기본세율에 10% 가산한다
③ 1세대의 주택수와 조합원입주권 합이 3 이상인 경우의 주택주1)	60%	
④ 비사업용 토지		
⑤ 1세대 2주택		2012년 말까지 양도한 것은 기본세율 적용
⑥ 1세대의 주택수와 조합원입주권 합이 2 이상인 경우의 주택주2)	50%	

⑦ 보유기간 1년 미만	50%	①~⑥규정과 ⑦,⑧이 경합하면
⑧ 보유기간 1년 이상 2년 미만	40%	둘 중 큰 세율을 적용
⑨ 보유기간 2년 이상	기본세율 적용, 즉 6%~38%	

주1) 주택만 중과세대상이므로 조합원입주권은 부동산을 취득할 권리로 보아 ⑦~⑨ 규정을 적용한다

주2) 2009.3.16부터 2010.12.31까지 기간 중에 취득한 자산은 법률 제9270호 소득세법 부칙 제14조의 개정규정에 따라 중과세율의 적용을 배제(2011년 이후에 양도하더라도 적용됨)하고 기본세율을 적용한다.

(2) 기타자산

구　　　　　　　　분	일반세율	특례세율
특정주식 중 자산총액에 대한 비사업용토지의 비율이 50% 이상인 법인의 주식	60%	2012년 말까지 양도한 것은 기본세율 적용
위 이외의 기타자산(특정주식 A, B, 특정시설물이용권, 사업용고정자산과 함께 양도하는 영업권)	기본세율 적용, 즉 6%~38%	

특정주식 A는 업종에 관계없이 당해법인의 자산총액 중 부동산 비율이 50% 이상이면서 주주 1인 및 특수관계자 보유주식 비율이 50% 이상이고, 총발행주식의 50% 이상을 양도한 경우를 말하고, 특정주식 B는 골프장·스키장·휴양콘도미니엄·전문휴양시설을 영위하는 업종으로 당해법인의 자산총액 중 부동산 비율이 80% 이상인 경우로써 주식 1주 이상을 양도한 경우를 말함. 또한 특정시설물이용권이란 이용권·회원권 그 밖에 명칭에 관계없이 시설물을 배타적으로 이용하거나 일반이용자에 비하여 유리한 조건으로 이용할 수 있는 시설물이용권을 말함.

(3) 일반주식

구	분	세율
중소기업주식	대주주 및 보유기간 불문	10%
비중소기업주식 (상장·비상장 불문)	대주주가 1년 미만 보유한 주식	30%
	위 이외의 주식	20%

중소기업이란 양도일 현재 중소기업기본법에 의한 중소기업을 말한다(소령 제167조의8). 또한 대주주란 직전사업연도 종료일 현재 주식소유 지분율이 3%(코스닥상장주식과 벤처기업주식은 5%) 이상이거나 시가총액 100억원(코스닥상장주식과 벤처기업주식은 50억원) 이상인 경우를 말함

세대 1주택 양도소득세 비과세를 받기 위해선
어떤 요건을 충족시켜야 하나요?

포괄적 답변

1세대 1주택 양도소득세 비과세를 적용받기 위해선 1세대를 갖춘 거주자가 국내에 1주택을 3년간 보유(2011.6.3부터 거주요건 폐지됨)하고 양도가액이 9억원 이하인 경우로써 주택의 부수토지가 주택정착면적의 5배(도시지역 밖은 10배)이내이어야 한다.

세부적 답변

1. 1세대 1주택 비과세

1세대 1주택 양도소득세 비과세를 적용받기 위해선 1세대를 갖춘 거주자가 국내에 1주택을 3년간 보유(2011.6.3부터 거주요건 폐지됨)하고 양도가액이 9억원 이하인 경우로써 주택의 부수토지가 주택정착면적의 5배(도시지역 밖은 10배)이내이어야 한다. 여기서 1세대란 거주자 및 배우자가 동일한 주소 또는 거소에서 생계를 같이하는 가족과 함께 구성하는 집단을 갈

하고, 거주자에게 배우자가 없는 경우에는 1세대로 보지 않으나 다음의
경우에는 배우자가 없어도 1세대로 본다.

① 당해 거주자의 연령이 30세 이상인 경우
② 배우자가 사망하거나 이혼한 경우
③ 종합·퇴직·양도소득이 최저생계비 수준 이상으로서 소유하고 있는
　주택 또는 토지를 관리·유지하면서 독립된 생계를 유지할 수 있는
　경우. 다만, 미성년자의 경우를 제외하되, 미성년자의 결혼, 가족의
　사망 그 밖에 기획재정부령이 정하는 사유로 1세대의 구성이 불가피
　한 경우에는 그러하지 아니하다.

20세 나이에 양도소득세 비과세 혜택 받기

1세대 1주택 양도소득세 비과세를 적용받기 위해서는 1세대 요건을 반드시 충족
해야 한다. 따라서 만 20세인 자녀가 본인 명의의 주택을 가지고 있고 실질적으
로 전입 신고하여 살고 있더라도 주민등록등본상으론 독립된 세대를 구성하지만
소득세법상 일정소득이 있거나 결혼을 해서 배우자가 있는 경우가 아니라면 1세
대로 불인정 되어 양도소득세 비과세 혜택을 받지 못한다.

따라서 양도시기를 늦춰서 취업을 해서 일정소득을 발생시키거나 조혼을 할 경
우에는 소득세법상 1세대로 보기 때문에 동 요건을 갖춘 후로 양도시기(잔금 청산
일)를 결정하면 된다.

1세대 1주택 양도소득세 비과세를 적용받으려면 3년 이상 보유요건을 충족해야 하는데, 그렇지 않은 경우에도 비과세를 받을 수 있다고 하는데 어떤 경우인가요?

포괄적 답변

1세대 1주택 비과세 특례 규정에 의해 3년 이상 보유 요건을 충족하지 않더라도 임대주택의 임차일로부터 양도일까지의 거주기간이 5년 이상이거나 공공사업용으로 수용되거나 해외이주법에 의한 이주 또는 1년 이상 국외이주를 필요로 하는 경우 및 취학, 근무상 등의 부득이한 사유로 다른 시·군으로 주거를 이전하는 경우와 역모기지론(주택연금) 주택은 양도소득세 비과세 혜택을 받을 수 있다.

세부적 답변

1세대가 양도일 현재 국내에 1주택을 보유하고 있는 경우로서 다음 각 호의 어느 하나에 해당하는 경우에는 그 보유기간의 제한을 받지 아니한다(소령 제154조).

① 「임대주택법」에 의한 건설임대주택을 취득하여 양도하는 경우로서
당해 건설임대주택의 임차일부터 당해 주택의 양도일까지의 거주기
간이 5년 이상인 경우

② 주택 및 그 부수토지(사업인정 고시일 전에 취득한 주택 및 그 부수토지에
한한다)의 전부 또는 일부가 「공익사업을 위한 토지 등의 취득 및 보
상에 관한 법률」에 의한 협의매수·수용 및 그밖의 법률에 의하여 수
용되는 경우로써 양도일 또는 수용일부터 2년 이내에 양도하는 잔
존주택과 그 부수토지

③ 「해외이주법」에 따른 해외이주로 세대전원이 출국하는 경우. 다만,
출국일 현재 1주택을 보유하고 있는 경우로서 출국일부터 2년 이내
에 양도하는 경우에 한한다.

④ 1년 이상 계속하여 국외거주를 필요로 하는 취학 또는 근무상의 형
편으로 세대전원이 출국하는 경우. 다만, 출국일 현재 1주택을 보유
하고 있는 경우로서 출국일부터 2년 이내에 양도하는 경우에 한한
다.

⑤ 1년 이상 거주한 주택을 세대전원이 다른 시·군으로 주거를 이전하
면서 취학(특수학교, 고등학교와 대학교만 인정), 근무상의 형편, 1년 이
상 질병의 치료 또는 요양의 사유로 양도하는 경우. 다만 취학 등 실
수요 목적의 주택 취득사유가 소멸한날부터 3년내 양도하는 경우에
한함.

⑥ 국내에 1주택을 소유한 1세대가 장기저당담보주택(역모기지론 또는 주
택연금을 말하는 것으로 계약체결일 현재 60세 이상이고, 장기저당담보 계약
이 10년 이상이고, 만기에 주택을 처분하여 일시에 상환하는 조건)을 양도하
는 경우에는 거주기간의 제한을 받지 아니한다. 또한 1주택을 소유
하고 1세대를 구성하는 자가 장기저당담보주택을 소유하고 있는 직
계존속(배우자의 직계존속을 포함한다)을 동거봉양하기 위하여 세대를

합침으로써 1세대가 2주택을 소유하게 되는 경우 먼저 양도하는 주택에 대하여는 국내에 1개의 주택을 소유하고 있는 것으로 보아 비과세 규정을 적용하되, 장기저당담보주택은 거주기간의 제한을 받지 아니한다. 다만 계약기간 만료 이전에 양도하는 경우에는 비과세 규정을 적용하지 않는다(소령 제155조).

1세대 1주택 양도소득세 비과세를 적용받으려면 1주택이어야 하는데, 2주택이더라도 비과세를 받을 수 있다고 하는데 어떤 경우인가요?

포괄적 답변

1세대 2주택이더라도 양도소득세 비과세 혜택을 받을 수 있다. 즉 2주택이더라도 양도소득세 비과세 목적에 비추어 볼 때 투기목적이 아니라 실수요 목적이거나 정책적인 목적에 부합한다면 양도소득세 비과세 혜택을 받을 수 있다. 비과세를 받기 위한 사유는 실수요 목적의 대체취득(재건축·재개발 입주권 포함), 동거봉양, 혼인합가, 문화재주택의 보호, 수도권과 밀억제 정책과 지방균형발전을 위한 농어촌주택의 취득 및 부득이한 사유 등이 있다.

세부적 답변

1세대 2주택이더라도 양도소득세 비과세를 적용받을 수 있는 사유는 다음과 같다(소령 155조, 156조의 2).

① 국내에 1주택을 소유한 1세대가 그 주택을 양도하기 전에 다른 주택을 취득함으로써 일시적으로 2주택이 된 경우로써 다른 주택을 취득한 날부터 2년 이내에 종전의 주택을 양도하는 경우. 다만 수도권에 소재한 법인이나 공공기관이 수도권 밖의 지역으로 이전하여 취득하는 경우에는 5년으로 한다.

② 상속받은 주택(조합원입주권을 상속받아 사업시행 완료 후 취득한 신축주택을 포함하며, 피상속인이 상속개시 당시 2 이상의 주택을 소유한 경우에는 피상속인의 소유기간이 제일 긴 주택 등을 말함)과 일반주택을 국내에 각각 1개씩 소유하고 있는 1세대가 일반주택을 양도하는 경우

③ 1주택을 보유하고 1세대를 구성하는 자가 1주택을 보유하고 있는 60세 이상의 직계존속(배우자의 직계존속을 포함한다)을 동거봉양하기 위하여 세대를 합침으로써 1세대가 2주택을 보유하게 되는 경우 합친 날부터 5년 이내에 먼저 양도하는 경우

④ 1주택을 보유하는 자와 혼인하거나 1주택을 소유한 직계존속(60세 이상)과 거주중인 무주택자가 1주택자와 혼인함으로써 1세대가 2주택을 보유하게 되는 경우 그 혼인한 날부터 5년 이내에 먼저 양도하는 경우

⑤ 지정문화재 또는 등록문화재에 해당하는 주택과 일반주택을 국내에 각각 1개씩 소유하고 있는 1세대가 일반주택을 양도하는 경우

⑥ 일반주택과 수도권 외의 지역 중 읍지역(도시지역 제외) 또는 면지역에 소재하는 농어촌주택을 국내에 각각 1개씩 소유하고 있는 1세대가 일반주택을 양도하는 경우. 여기서 농어촌주택이란 피상속인이 취득 후 5년 이상 거주한 주택으로 상속받은 주택, 이농인이 취득 후 5년 이상 거주한 이농주택 및 영농·영어 목적으로 취득한 귀농주택을 말한다.

⑦ 취학, 근무상의 형편, 질병의 요양, 그 밖에 부득이한 사유로 취득한

수도권 밖에 소재하는 주택과 일반주택을 국내에 각각 1개씩 소유하
고 있는 1세대가 일반주택을 양도하는 경우

⑧ 조합원입주권을 1개 소유한 1세대가 무주택자이거나 1주택을 취득
한 날부터 2년 이내에 조합원입주권을 양도하는 경우

⑨ 국내에 1주택을 소유한 1세대가 그 주택을 양도하기 전에 조합원입
주권을 취득함으로써 일시적으로 1주택과 1조합원입주권을 소유하
게 된 경우 조합원입주권을 취득한 날부터 2년 이내에 종전의 주택
을 양도하는 경우

⑩ 국내에 1주택을 소유한 1세대가 그 주택을 양도하기 전에 조합원입
주권을 취득함으로써 일시적으로 1주택과 1조합원입주권을 소유하
게 된 경우 조합원입주권을 취득한 날부터 2년이 지나 종전의 주택
을 양도하는 경우로서 주택재건축(재개발 포함)사업의 관리처분계획
에 따라 취득하는 주택이 완성된 후 2년 이내에 그 주택으로 세대전
원이 이사하여 1년 이상 거주하고 2년 이내에 종전의 주택을 양도하
는 경우

⑪ 국내에 1주택을 소유한 1세대가 그 주택에 대한 주택재개발사업 또
는 주택재건축사업의 시행기간 동안 거주하기 위하여 대체주택을
취득한 경우로서 대체주택에 1년 이상 거주하고, 주택재건축(재개발
포함)사업의 관리처분계획에 따라 취득하는 주택이 완성된 후 2년
이내에 그 주택으로 세대전원이 이사하여 1년 이상 거주하고 2년 이
내에 대체주택을 양도하는 경우

전원생활을 위한 농어촌주택 취득과 절세 노하우

요즘은 각박한 도시생활을 벗거나 정신적·육체적 건강을 위하여 전원생활을 하는 경우가 많다. 따라서 전원생활을 하기 위한 농어촌 주택을 취득할 때 세법상 요건을 확인한 후 결정하견 일반주택(비과세 요건 갖출 것) 양도시 양도소득세 비과세 혜택을 받을 수 있기 때문에 매우 유용한 방법이다.

농어촌주택은 크게 소득세법상 농어촌주택과 조세특례제한법상 농어촌주택으로 구분하고 각각의 요건을 달리하고 있지만 일반주택 양도로 인한 양도소득세 비과세 판정할 때는 공통적으로 당해 농어촌주택은 주택으로 보지 않는다.

1. 소득세법(시행령 제155조, 시행규칙 제73조)

	농어촌주택 요건
상속주택	수도권 외의 지역 중 읍지역(도시지역 안의 지역 제외) 또는 면지역에 소재하는 주택으로 피상속인기 추득 후 5년 이상 거주한 사실이 있는 주택
이농주택	수도권 외의 지역 중 읍지역(도시지역 안의 지역 제외) 또는 면지역에 소재하는 주택으로 농업이나 어업에 종사하던 자가 취득한 후 5년 이상 거주한 사실이 있는 주택
귀농주택	• 농업이나 어업에 종사할 목적으로 취득한 수도권 외의 지역 중 읍지역(도시지역 안의 지역 제외) 또는 면지역에 소재하는 다음의 조건을 갖춘 주택으로 3년 이상 농업이나 어업에 종사하면서 거주할 것 • 본적지 또는 연고지에 소재할 것. 여기서 연고지란 본인, 배우자 및 직계존속의 본적 또는 원적이 있거나 5년 이상 거주한 곳을 말함 • 고가주택이 아니면서 대지 면적이 660㎡ 이내일 것 • 1,000㎡ 이상의 농지 소유자가 당해 농지의 소재지(연접 포함)에서 취득하는 주택 또는 어업인이 취득하는 주택

2. 조특법(제99조의 4)

	농어촌주택 요건
농어촌 주택	• 취득기간 : 2003.8.1~2014.12.31 • 보유기간 : 농어촌 주택 3년 보유하고 농어촌주택 취득 전에 보유한 일반 주택 양도 • 지역기준 : 읍·면지역에 소재하는 주택. 다만 도시지역, 토지거래허가구역, 투기지역, 관광단지, 수도권과 광역시의 군 지역은 제외
고향주택	• 취득기간 : 2009.1.1~2014.12.31 • 시지역 기준: 인구 20만 이하 시지역(시행령 별표 12-제천, 계룡, 공주, 논산, 보령, 서산, 동해, 삼척, 속초, 태백, 김제, 남원, 정읍, 광양, 나주시, 김천, 문경, 상주, 안동, 영주, 영천, 밀양, 사천, 진해, 통영, 서귀포) • 거주지기준 주택 : 10년 이상 거주한 시 또는 군 지역에 연접한 시 지역에 소재하는 주택
공통사항	• 규모기준(일반주택 양도일 현재) ① 대지면적 660㎡ 이내 ② 단독주택의 주택면적이 150㎡ 이내, 공동주택은 116㎡ 이내 • 가액기준 주택 및 부수토지의 취득당시 기준시가가 2억원 이하. 다만 농어촌주택의 경우 2003.8.1~2007.12.31 취득분은 0.7억원(일반주택 양도당시 기준시가가 1억원 이하인 경우) 이하, 2008.1.1~2008.12.31 취득분은 1.5억원 이하 • 타지역기준 일반주택이 소재한 읍·면·시 지역이 아닌 지역에서 농어촌주택을 취득 • 양도기준 농어촌주택을 3년 보유요건 충족 전에 일반주택 양도하여도 과세특례 적용

주택수에 따라 양도소득세의 절세효과를
얻기도 하지만 세금폭탄을 맞기도 한다고
하는데 그게 무슨 이유인가요?

포괄적 답변

1세대가 주택을 한 채를 가지고 있는 경우와 두 채 이상을 가지고 있는 경우에는 양도소득세 계산시 매우 큰 차이를 보이고 있다. 즉 1세대 1주택 양도소득세 비과세 요건(양도가액 요건은 제외)을 갖춘 주택 한 채를 가지고 있는 경우에는 고가주택의 양도차익 계산특례 규정(9억원까지 비과세를 적용함)과 장기보유특별공제(최대 양도차익의 80%)를 적용받지만, 1세대 2주택 이상자는 장기보유특별공제(최대 양도차익의 30%)만을 받는다. 따라서 1세대 고가주택 1채와 중가주택 2채의 양도차익총액이 같다면 고가주택 1채의 양도소득세가 중가주택 2채의 양도소득세보다 현격히 작게 된다. 이해를 돕기 위해 사례를 통해 설명하고자 한다.

세부적 답변

1. 1주택자와 다주택자의 세금 차이

박절세씨는 1세대 1주택으로 고가주택 한 채만 가지고 있고, 박폭탄씨는 1세대 2주택을 가지고 있는데, 박절세씨와 박폭탄씨는 주택의 양도차익 총액과 보유기간은 동일하나 주택 보유수만 다를 뿐이다. 즉 박절세씨의 고가주택의 예상양도가액은 16억원(취득가액 6억원, 기타경비 1억원, 거주 및 보유기간 10년)이고, 박폭탄씨가 보유하고 있는 주택 2채의 예상양도가액은 각각 8억원(각각 취득가액 3억원, 기타경비 0.5억원, 거주 및 보유기간 10년)인 경우 주택 한 채를 양도할 경우 부담해야할 양도소득세를 각각 계산해 보면 다음과 같다.

양도소득세 계산	박절세	박폭탄
예상양도가액	16억원	8억원
− 취득가액	6억원	3억원
− 기타경비	1억원	0.5억원
= 양도차익주1)	393,750,000원	4.5억원
− 장기보유특별공제주2)	315,000,000원	1.35억원
= 소득금액	78,750,000원	3.15억원
− 기본공제	2,500,000원	2,500,000원
= 과세표준	76,250,000원	312,500,000원
× 세율(한계세율)	24%	38%
= 양도소득세	13,080,000원	94,850,000원
지방소득세	1,308,000원	9,485,000원
세금합계	14,388,000원	104,335,000원
절세금액	89,947,000원	

주1) 1세대 1주택 비과세 요건(양도가액 요건 제외)을 충족하되 양도가액이 9억원을 초과하는 고가주택의 양도차익 계산은 다음과 같이 산정한다.
고가주택의 양도차익 = 총양도차익 × [(양도가액−9억원) / 양도가액]
주2) 장기보유특별공제는 3년 이상 보유한 부동산에 한해 적용하되 1세대 1고가주택의 경우에는 양도차익의 24%~80(보유기간 10년 이상)%를 공제하고, 그 외의 부동산(1세대 다주택자 등)은 10%~30(보유기간 10년 이상)%를 적용한다. 다만 비사업용토지 및 미등기부동산에 대해서는 장기보유특별공제를 적용하지 않는다.

2. 장기보유특별공제의 공제율

보유기간	3년	4년	5년	6년	7년	8년	9년	10년 이상
비과세요건을 갖춘 고가주택	24%	32%	40%	48%	56%	64%	72%	80%
그 외 부동산	10%	12%	15%	18%	21%	24%	27%	30%

3. 절세효과

위 사례를 보면 1세대 1고가주택의 양도소득세 절세효과는 2주택의 경우에 비해 무려 0.89억원이 된다. 고가주택의 양도차익 계산특례 규정은 1세대 1주택 양도소득세 비과세 요건 중 양도가액이 9억원을 초과하여 비과세 혜택을 못 받는 불합리성을 조정하기 위하여 총양도차익 중 9억원을 초과하는 양도가액에 대한 부분만 양도차익으로 과세를 하는 것이고, 장기보유특별공제는 10년 이상 보유하면 양도차익의 80%를 공제하기 때문에 동 혜택은 매우 크다. 반면에 1세대 다주택자의 경우에는 비과세 혜택이 없고 장기보유특별공제를 양도차익의 최대 30%까지만 가능하다.

따라서 주택의 조세효과만을 고려한다면 다주택을 보유하기보다는 고가의 1주택을 10년 이상 보유한다면 양도차익이 크더라도 부담해야할 양도소득세는 매우 작기 때문에 절세효과를 극대화 할 수 있다. 참고적으로 1세대 2주택 이상과 비사업용토지에 적용하는 양도소득세 중과세율(50% 또는 60%)은 2012년까지 유예되어 동 기간 동안은 일반세율을 적용한다

위축된 부동산 시장의 경기 활성화를 위해
미분양주택을 취득하면 세제 혜택이 있다는데
어떤 내용인가요?

포괄적 답변

2008년 이후 급격히 위축된 부동산 경기를 활성화시키기 위해 수도권 밖에 소재하는 미분양주택을 거주자가 2008.11.3~2010.12.31까지 취득하면 중과세율을 배제하고 일반세율을 적용하고 장기보유특별공제를 적용한다. 또한 거주자가 2009.2.12~2010.2.11까지, 비거주자는 2009.3.16~2010.2.11까지 과밀억제권역을 제외한 지역의 미분양주택을 취득하면 5년간 양도소득세를 전액 면제하고, 서울을 제외한 과밀억제권역의 미분양주택을 취득하면 5년간 60%를 감면한다.

세부적 답변

미분양주택의 취득에 대한 세제 혜택은 조세특례제한법 제98조의 2와 제98조의 3에 근거한다. 동 내용을 소개하면 다음과 같다.

　지방의 미분양주택 해소를 위해 거주자가 2008.11.3~2010.12.31까지의 기간 중에 취득(2010.12.31까지 매매계약을 체결하고 계약금을 납부한 경우 포함)한 수도권 밖에 소재하는 미분양주택을 양도하면 기본세율을 적용하고 1세대 1주택자의 장기보유특별공제를 적용하며, 법인은 추가법인세(30%) 과세를 배제한다. 다만 동 규정은 2009.1.1 이후 양도하는 분부터 적용한다(조특법 제98조의 2).

　거주자는 2009.2.12~2010.2.11까지, 비거주자는 2009.3.16~2010.2.11까지 취득하는 미분양주택은 과밀억제권역을 제외한 지역에서는 5년간 양도소득세를 전액 면제하고, 서울을 제외한 과밀억제권역에서는 5년간 60%를 감면한다. 또한 다주택자라도 장기보유특별공제를 적용하고 세율을 적용함에 있어서 단기양도(2년 이내)에 해당되거나 다주택자에 해당되더라도 일반세율을 적용한다. 그리고 당해 미분양주택은 다른 일반주택의 1세대 1주택 비과세 판정과 다주택 중과시 주택수를 계산함에 있어서 주택으로 보지 않는다. 다만 동 규정은 2009.3.25 이후 양도하는 분부터 적용한다(조특법 제98조의 3).

배우자간 공동명의로 부동산을 가지고 있으면
절세효과를 얻을 수 있다고 하는데
그 내용은 무엇인가요?

포괄적 답변

배우자간 공동명의로 부동산을 보유하고 있으면 보유단계에서 부동산이 주택이면 종합부동산세가 절감되고, 수익형 부동산(상가 오피스텔 등)이면 종합소득세가 절감된다. 그리고 부동산을 처분하면 양도소득세가 절감되는 1석 3조의 절세플랜이다. 즉 배우자간 공동명의플랜은 단독명의에 비해 각 세법상 과세대상을 분산시켜 한계세율을 낮추는 효과를 얻을 수 있기 때문에 절세효과가 발생하는 것이다.

세부적 답변

1. 종합부동산세 절감

종합부동산세는 주택의 경우에는 공동명의의 경우에는 각 인별로 6억 원을 초과하는 경우에 과세하고, 단독명의의 경우에는 1세대 1주택으로 9억원을 초과하는 경우에 과세하는 조세이다. 따라서 공동명의로 각각의 지분율을 50%로 한다면 총 12억원의 주택에 대해서 종합부동산세가 부과되지 않는다.

2. 종합소득세 절감

수익형 부동산(상가나 오피스텔 등)을 공동명의로 할 경우에는 부가세와 소득세를 공동명의자별로 부담해야 하는데, 부가세는 10% 단일비례세율이기 때문에 절세효과는 없지만 소득세의 경우에는 4단계 초과누진세율을 적용하기 때문에 단독명의의 사업자에게 적용되었던 고율의 한계세율이 공동사업자로 변경되면서 한계세율이 하락하는 효과를 볼 수 있다. 이를 사례를 통해 정리해 보면 다음과 같다.

가정 : 아버지는 아들에게 2011년 초에 수익형 부동산인 상가를 50%를 증여하고 이에 대한 증여세를 부담한 후, 단독명의의 사업자등록증을 공동명의의 사업자등록증으로 정정신고를 했다. 아버지와 아들에 대한 소득세법상 세무조정사항은 전혀 없고, 아버지의 소득공제액은 1,000만원, 아들은 500만원으로 가정하고 소득세를 계산하면 다음과 같다.

구분	단독명의 (아버지 100%)	공동명의	
		아버지(50%)	아들(50%)
매출	6억원	3억원	3억원
당기순이익	2.4억원	1.2억원	1.2억원
소득공제	1,000만원	1,000만원	500만원
과세표준	2.3억원	1.1억원	1.15억원
소득세	6,560만원	2,360만원	2,535만원
세금합계	6,560만원	4,895만원(절세효과 1,665만원)	
10년간 절세효과		166,500,000원	

3. 양도소득세 절감

부동산을 보유하다가 처분할 경우에는 양도소득세를 부담해야 하는데, 단독명의인 경우보다 공동명의인 경우에는 낮은 한계세율을 적용받기 때문에 양도소득세를 절감할 수 있다. 이를 사례를 통해 정리해 보면 다음과 같다.

> 가정 : 홍길동은 은퇴설계를 준비할 계획으로 부동산(상가, 보유기간 11년)을 처분하고 동 대금을 즉시연금보험상품에 가입할 계획이다. 이에 따른 부동산의 예상 양도가액과 취득가액 등의 정보는 다음과 같은 경우 부동산(상가, 보유기간 11년) 명의가 단독명의인 경우와 부부공동명의인 경우로 나누어서 양도소득세를 계산하면 다음과 같다.

양도소득세 계산	단독명의인 경우	공동명의(지분율이 각각 50%)인 경우
예상양도가액	6억원	3억원
− 취득가액	2억원	1억원
= 양도차익	4억원	2억원
− 장기보유특별공제	1.2억원	0.6억원
= 소득금액	2.8억원	1.4억원
− 기본공제	250만원	250만원
= 과세표준	277,500,000원	137,500,000원
×세율(한계세율)	35%	35%
= 양도소득세	8,222만원	3,322만원 × 2인 = 6,645만원
지방소득세	822만원	664만원
세금합계	9,044만원	7,309만원
절세금액	1,735만원	

보유기간이 10년 이상이면 장기보유특별공제는 양도차익의 30%이고, 예정신고세액공제는 2010년부터 폐지되어 고려하지 않았음. 또한 양도소득세의 10%를 지방소득세로 납부해야 한다.

부동산 관련 기타법규

부동산을 취득할 때 부담하는 세금은 무엇이 있나요?

포괄적 답변

부동산을 취득하면 세금과 부대비용을 부담해야 한다. 즉 취득세, 농특세, 지방교육세, 법무사비용과 채권매각손 및 공인중개사 수수료가 발생한다. 다만 한시적으로 2011년도에 유상으로 취득하는 주택 중 9억원 이하로써 1주택자인 경우에는 지방세특례제한법에 의해 취득세의 50%를 감면 받고, 국민주택 규모 이하의 주택일 경우에는 농특세 비과세 혜택도 받을 수 있다. 세부적인 내용을 정리해 보면 다음과 같다.

세부적 답변

1. 부동산 취득관련 조세와 부대비용(공인중개사 수수료는 별도)

취득 관련 조세	9억원 1주택으로 국민주택 규모 이하	9억원 1주택으로 국민주택 규모 초과	그 외 부동산
취득세주1)	2%	2%	4%
농특세(취득세 과세분)	비과세	0.1%	0.2%
농특세(취득세 감면분)	비과세	0.4%	–
지방교육세	0.2%	0.2%	0.4%
합계	2.2%	2.7%	4.6%
법무사 비용과 채권매각손	대략 1% 정도		0.4%
중개사 수수료	25만원~0.9%(별도 언급)		0.9% 이하

주1) 2011년부터 부동산 취득 관련 등록세는 취득세로 통합되었다. 또한 지방세특례제한법 제40조의 2에 의해 2012년도에 9억원 이하의 주택을 유상으로 취득하여 1주택자이면 취득세의 50%를 감면한다. 다만 이사, 질병의 요양, 취학, 근무지 이동 및 그 밖에 부득 이한 사유로 2주택이 되더라도 2년 이내(신규 주택의 잔금일로부터 기산한다)에 종전 주탁을 처분하면 감면을 적용받을 수 있다. 따라서 다주택자나 9억원 초과 주택을 취득하는 자 는 감면을 받을 수 없다. 또한 감면기준인 9억원 판단은 주택 전체가액으로 판단하는 것 이기 때문에 공동명의로 취득하더라도 각자의 공동지분가액으로 판단하지 않고, 1주택 판단은 1세대 기준으로 판단하는 것이 아니라 취득자 기준으로 인별로 판단하는 것이다. 따라서 남편이 주택을 보유하더라도 부인이 주택 취득당시 무주택자이면 감면을 적용받 을 수 있는 것이다. 그리고 공동명의의 주택을 보유한 경우에는 각각의 지분을 주택으로 보되, 조합원입주권이나 일반주택분양권은 부동산 권리에 불과하므로 주택으로 보지 않 는다.

2. 부동산 법정중개수수료(서울특별시 주택중개수수료 등에 관한 조례)

거래 종류	거 래 가 액	수수료 요율상한	한 도
주택 매매·교환	5천만원 미만	0.6%	25만원
	5천만원 이상 2억원 미만	0.5%	80만원
	2억원 이상 6억원 미만	0.4%	없음
	6억원 이상	0.2~0.9%	없음
주택 매매·교환 이외 임대차 등	5천만원 미만	0.5%	20만원
	5천관원 이상 1억원 미만	0.4%	30만원
	1억원 이상 3억원 미만	0.3%	없음
	3억원 이상	0.2~0.8%	없음
주택이외의 중개대상물	0.9% 이내(상가 토지의 매매 교환 및 임대차 등)		

- 임대차계약 중 월세가 있는 경우의 거래가액 계산은 (월세×100+보증금)으로 계산하고, 공인 중개사가 법정수수료(중개사무소 관할 시·도의 조례로 정함)를 초과해서 수수료를 요구하는 경 우에는 관할구청 지적과에 있는 부동산중개업 소비자보호센터에 전화하면 쉽게 조정될 수 있다.

부동산을 취득할 때 다운계약서를 쓰면 어떠한 불이익을 받나요?

포괄적 답변

부동산거래를 할 때 다운계약서를 작성하면 매도인과 매도인 및 공인중개사에게 최고 취득세의 1.5배(주택거래신고지역은 최고 2.5배)에 해당하는 과태료를 각각 부과한다. 또한 매도인에게는 양도소득세와 관련 가산세를 추징하고, 매수인에게는 취득세 관련 가산세를 추징하고 담당 공인중개사에게는 등록취소나 6개월 이내의 자격정지를 부과한다. 또한 2011.7.1부터 양도소득세 비과세 또는 감면을 받을 자가 부동산 허위계약서(증액과 감액 모두 포함)를 작성하면 비과세 또는 감면을 배제한다(소법 제91조 2항).

세부적 답변

주택거래신고지역 이외의 지역에서 10억원의 아파트를 매매할 때 다운계약서를 작성하여 거래금액을 8억원으로 하면 매도인과 매수인 및 공인

중개사에게 각각 부과되는 과태료는 6,000만원(=10억원×4%×1.5배)이다. 또한 매도인에게는 양도가액을 2억원 다운시켰기 때문에 2억원에 대한 양도소득세(6%~60%), 지방소득세(양도소득세의 10%), 부당신고불성실가산세(40%) 및 납부불성실가산세(10.95%/1년)를 부과하고, 매수인에게는 2억원에 대한 취득세, 농특세, 지방교육세 및 신고불성실가산세(20%)와 납부불성실가산세(10.95%/1년)를 부과하고 담당 공인중개사에게는 등록취소나 6개월 이내의 자격정지를 부과한다. 또한 2011.7.1부터 양도소득세 비 과세 또는 감면을 받을 자가 부동산 허위계약서(증액과 감액 모두 포함)를 작성하면 비과세 또는 감면을 배제하되 배제된 경우의 양도소득세와 허위금액(실거래가와 매매계약서상의 거래가액과의 차액) 중 작은 금액을 비과세 또는 감면세액에서 차감한다(소법 제92조 2항).

마지막으로 공인중개업법에 의한 부동산거래계약을 지연신고하거나 허위신고를 할 경우 부과되는 과태료의 부과 기준은 다음과 같다(공인중개사의 업무 및 부동산거래신고에 관한 법률 제36조, 38조, 51조 2항, 4항, 시행령 별표).

1. 지연신고시 과태료 부과 기준

지연기간	5천만원 미만	5천만원 이상 1억원 미만	1억원 이상 3억원 미만	3억원 이상 5억원 미만	5억원 이상
1월 이하	10만원	25만원	50만원	100만원	150만원
1월 초과 3월 이하	25만원	50만원	100만원	200만원	300만원
3월 초과	50만원	100만원	200만원	400만원	500만원

2. 허위신고시 과태료 부과 기준

위반 행위	부동산 과태료	부동산권리 과태료
• 부동산의 실제 거래가격 외의 사항을 거짓으로 신고한 경우	취득세의 0.5배	취득가액의 1%
• 부동산의 실제 거래가격을 거짓으로 신고한 경우		
① 실제거래가격과 신고가격의 차액이 실제 거래가격의 10% 미만	취득세의 0.5배	취득가액의 2%
② 실제거래가격과 신고가격의 차액이 실제 거래가격의 10% 이상 20% 미만	취득세의 1배	취득가액의 4%
③ 실제거래가격과 신고가격의 차액이 실제 거래가격의 20% 이상	취득세의 1.5배	취득가액의 5%

투기지역과 투기과열지구는 무엇이고 어떻게 다른가요?

포괄적 답변

투기지역은 소득세법 규정에 의해 기획재정부장관이 지정하는 것으로 투기지역으로 지정되면 양도소득세 계산시 탄력세율을 적용하고, 주택담보대출비율(LTV)을 하향(60%→40%)조정하고, 총부채상환비율(DTI)을 적용한다. 투기과열지구는 주택법 규정에 의해 국토해양부장관 등이 지정하는 것으로 투기과열지구로 지정되면 분양권 전매제한 등의 제한 규정을 적용 받는다.

세부적 답변

1. 투기지역

투기지역은 소득세법 제104조의 2에 의해 주택투기지역과 토지투기지역으로 구분하는데, 지정일로부터 소급하여 2개월간 월평균 집값상승률 또는 지가상승률이 전국평균보다 30% 이상 높거나 1년간 연평균 집값상승률 또는 지가상승률이 3년간의 전국 연평균 상승률보다 높은 지역에 대하여 부동산가격 안정위원회 심의를 거쳐 기획재정부장관이 지정한다. 2008.11.7 현재 주택투기지역은 서울의 강남구, 서초구 및 송파구이고 토지투기지역은 지정된 곳이 없다. 투기지역으로 지정되면 다음과 같은 효과가 있다.

① 투기지역에 소재하는 부동산을 양도할 때 양도소득세를 실거래가액으로 과세하고, 필요할 경우에는 탄력세율(기본세율±15%P 범위 내)을 가산하여 양도소득세를 과세한다. 다만 2007년부터 모든 부동산의 양도소득세를 실거래가액으로 과세하게 되었고, 2012년말까지 투기지역에 한해 기본세율에 10%를 가산하여 양도소득세를 계산하도록 하였다.

② 주택담보대출비율(LTV)이 하향(60%→40%) 조정되고, 총부채상환비율(DTI)이 전국의 투기지역과 수도권의 투기과열지구 내 6억 초과 주택(주상복합 포함)에 40%를 적용한다. 또한 주택투기지역 내 주택을 담보로 한 신규담보대출 1건으로 제한되고, 1주택자가 추가로 주택을 구입하는 경우에는 기존주택을 처분하는 조건으로 대출이 가능하다.

2. 투기과열지구

투기과열지구는 주택법 제41조에 의해 주택가격상승률이 물가상승률보다 현저히 높은 지역으로서 2개월간 청약경쟁률이 5대 1을 초과하는 등의 사유가 있으면 국토해양부장관 또는 시·도지사는 주택가격의 안정을 위하여 주택정책심의위원회의 심의를 거쳐 투기과열지구로 지정한다. 2008.11.7 현재 투기과열지구는 서울의 강남구, 서초구 및 송파구이고 투기과열지구로 지정되면 다음과 같은 효과가 있다(주택법 제41조, 제41조의2,

주택법시행령 제45조의2).

① 분양권 전매제한
② 5년 이상 무주택세대주에 대한 우선공급
③ 청약 1순위 자격제한
④ 지역조합 조합원 선착순 모집금지
⑤ 조합원지위 양도금지
⑥ 과일억제권역 재건축 후 분양(전체공정 80% 후) 등

주택거래신고지역이 무엇인가요?

포괄적 답변

주택거래신고지역은 주택법에 의해 국토해양부장관이 지정하는 것으로 주택거래신고지역으로 지정되면 주택거래일로부터 15일내 신고의무가 있고, 6억 초과 주택에 대해서는 자금조달계획과 실제입주 여부를 신고해야할 의무가 있다.

세부적 답변

주택거래신고지역은 주택법 제80조의 2에 의해 아파트거래신고지역, 연립주택거래신고지역 및 아파트·연립주택거래신고지역으로 구분하는데, 투기지역 중 전월의 주택의 매매가격상승률이 1.5% 이상이거나 3월간의 주택의 매매가격상승률이 3% 이상 또는 1년간의 주택매매가격상승률이 전국의 가격상승률의 2배 이상인 지역으로 주택에 대한 투기가 성행하거나 성행할 우려가 있다고 판단되는 지역을 관할지방자치단체와 협의하여 주택정책심의위원회의 심의를 거쳐 국토해양부장관이 지정한다. 2008.11.7 현재 주택거래신고지역은 아파트거래신고지역으로 서울 강남구(세곡동 제외), 서초구(나곡, 염곡, 원지, 신원동 제외) 및 송파구(풍납 제외)이고 주택거래신고지역으로 지정되면 다음과 같은 효과가 있다(주택법 제80조의 2, 제80조의 3, 시행령 제107조의 2와 3, 시행규칙 제49조의 2).

① 주택거래일로부터 15일내 신고의무

거래당사자의 인적사항과 거래일자, 실거래가액, 소유권이전예정일, 주택구입 자금계획 등을 적은 주택거래신고서를 매도인, 매수인 공동으로 관할구청(지적과)에 주택 거래일로부터 15일 이내에 제출해야 하며, 신고지연 또는 미신고시 최고 취득세의 2.5배까지 과태료가 부과된다. 또한 2006년부터는 공인중개사의 업무 및 부동산거래신고에 관한 법률의 개정으로 이중계약 등 잘못된 관행을 없애고 부동산거래를 투명하게 하기 위해 부동산실거래가 신고의무제도의 시행으로 부동산중개업자를 통해 부동산을 매매할 때에는 반드시 중개업자가 신고해야 한다.

② 6억원 초과 주택에 대한 자금조달계획과 실제입주 여부의 신고의무

2006.11.07부터 주택법 시행령 제107조의 3 개정으로 주택거래신고지역에서 6억원을 초과하는 집을 사고 팔 때 매수자는 기존 실거래가 신고 이외에 자금조달계획과 실제 입주여부를 신고하도록 의무화했다. 따라서 시·군·구청에 비치된 주택취득자금 조달계획서와 주택의 내용, 실거래가, 입주계획 등을 담은 주택거래계약신고서를 작성해 매매계약일로부터 15일 이내에 이를 시·군·구청에 제출해야 한다. 특히 자금조달계획을 정상적으로 소명하지 못할 경우에는 증여세가 부과됨을 주의해야 한다.

③ 신고대상 주택

주택거래신고지역은 주택법 제80조의 2에 의해 아파트거래신고지역, 연립주택거래신고지역 및 아파트·연립주택거래신고지역으로 구분하는데, 아파트거래신고지역은 전용면적 60평방미터 초과 아파트와 재건축·재개발정비구역 안에 있는 모든 아파트가 신고대상이고, 연립주택거래신고지역은 전용면적 150평방미터 초과 연립주택과 재건축·재개발정비구역 안에 있는 모든 연립주택이 신고대상이다. 마지막으로 아파트·연립주택거래신고지역은 아파트와 연립주택거래신고지역의 신고대상을 합한 것을 대상으로 한다. 또한 주택거래신고는 대가관계가 있는 유상계약에 한해 신고대상이기 때문에 주택거래신고지역 안에서 신규로 분양하는 것, 상속 등 대가가 없는 거래, 명의신탁의 해지를 원인으로 소유권을 이전하는 경우 또는 점유로 인한 시효취득을 원인으로 민법상 화해조서에 의한 판결을 받아 소유권을 이전하는 경우에는 신고대상에서 제외된다.

④ 과태료 부과(주택법 시행령 별표)

위반 행위	과태료
1. 주택거래신고를 하지 않았거나 게을리한 경우	
① 해태기간이 1월 미만	취득세의 0.5배
② 해태기간이 1월 이상 3개월 미만	취득세의 1.0배
③ 해태기간이 3개월 이상 6개월 미만	취득세의 1.5배
④ 해태기간이 6개월 이상 12개월 미만	취득세의 2.0배
⑤ 해태기간이 12개월 이상	취득세의 2.5배
2. 주택거래신고를 거짓으로 한 경우	
① 거래가격 이외의 거짓으로 신고한 경우	취득세의 0.5배
② 거래가격을 거짓으로 신고한 경우	
• 거래가액과 신고가액의 차액이 거래가액의 10% 미만	취득세의 0.5배
• 거래가액과 신고가액의 차액이 거래가액의 10% 이상 20% 미만	취득세의 1.0배
• 거래가액과 신고가액의 차액이 거래가액의 20% 이상 30% 미만	취득세의 1.5배
• 거래가액과 신고가액의 차액이 거래가액의 30% 이상 50% 미만	취득세의 2.0배
• 거래가액과 신고가액의 차액이 거래가액의 50% 이상	취득세의 2.5배

토지거래허가구역이 무엇인가요?

포괄적 답변

토지거래허가구역은 국토계획법에 의해 국토해양부장관이 지정하는 것으로 토지거래허가구역으로 지정되면 토지거래를 하기 전에 시장 등에게 허가를 받아야 한다. 따라서 허가를 받지 않거나 부정한 방법으로 허가를 받은 경우 및 토지의 이용의무를 이해하지 않을 경우에는 형사처벌, 벌금 및 이행강제금 등을 추징한다.

세부적 답변

토지거래허가구역은 국토의 계획 및 이용에 관한 법률 시행령 제116조에 의해 토지의 투기적인 거래가 성행하거나 지가가 급격히 상승하는 지역과 그러한 우려가 있는 지역으로서 일정지역에 대하여 5년 이내의 기간을 정하여 토지거래계약에 관한 허가구역으로 국토해양부장관이 지정한다. 토지거래허가구역으로 지정되면 다음과 같은 효력이 있다(국토계획법

제117조~126조, 시행령 제116조~125조, 시행규칙 제19조~29조의 2).

① 토지거래계약에 관한 허가

허가구역 내 토지에 관한 소유권, 지상권 등을 대가를 받고 이전, 설정하는 계약을 체결하고자 하는 경우 계약체결 전에 매도자와 매수자는 공동(대리인도 가능)으로 당사자의 인적사항, 계약예정금액 및 토지의 이용에 관한 계획 등을 기재한 토지거래계약허가신청서에 국토해양부령이 정하는 서류를 첨부하여 시장, 군수, 또는 구청장에게 제출하여야 한다. 또한 시장 등은 허가신청서를 받은 날부터 15일 이내에 허가 또는 불허가 처분을 하고 그 신청인에게 허가증을 교부하거나 불허가 처분사유를 서면으로 통지하여야 한다. 다만 15일 내에 통지가 없으면 15일의 다음날에 허가가 있는 것으로 본다.

② 허가대상 토지

용 도 지 역		면 적
도시지역	주거지역	180㎡ 초과
	상업지역	200㎡ 초과
	공업지역	660㎡ 초과
	녹지지역	200㎡ 초과
	기타지역	180㎡ 초과
비도시지역	농 지	1,000㎡ 초과
	임 야	2,000㎡ 초과
	기 타	500㎡ 초과

※ 대상면적의 3배 범위 내에서 공고시 허가면적 조정가능

다만 대가성이 없는 상속, 증여, 허가대상 면적 미만의 토지거래, 보상법에 의한 수용, 민사집행법에 의한 경매, 주택법, 택지개발촉진법, 도시

개발법, 도시 및 주거환경정비법 등에 의한 토지의 공급 및 농어촌정비법에 의한 농지매입 등은 토지거래계약의 허가가 필요치 않다.

③ 허가시 의제사항

농지에 대하여 토지거래계약허가를 받은 경우에는 농지법에 의한 농지취득자격증명을 받은 것으로 본다. 또한 허가증을 교부받은 경우에는 부동산등기특별조치법에 의한 검인을 받은 것으로 본다.

④ 규정 위반시 조치

- 허가 또는 변경허가를 받지 아니하고 토지거래 계약을 체결하거나 사위 그 밖의 부정한 방법으로 토지거래계약 허가를 받으면 2년 이하의 징역 또는 계약체결 당시의 개별공시지가에 의한 토지가격의 30%에 상당하는 금액 이하의 벌금을 부과한다.
- 시장 등은 토지의 이용의무를 이행하지 아니한 자에 대하여 3월내에 토지의 이용의무를 이행하도록 명령할 수 있고, 동 의무를 불이행하면 이행강제금을 부과·징수한다.

부동산 실거래가 신고에 관한 규정들이
소득세법 등 여러 법률에 명시되어 있다고
하는데, 구체적으로 어떤 내용인가요?

포괄적 답변

2006년 이후부터 부동산 조세의 과세형평과 과세표준 양성화를 유인하기 위하여 부동산 실거래가 신고와 관련된 규정들이 신설 또는 개정 되었다. 즉 양도소득세 계산시 양도차익을 실거래가로 계산하고, 취득세와 등록세의 과세표준을 부동산 실거래가로 하도록 개정되었으며, 공인중개사의 실거래가 신고의무가 부여되었다. 마지막으로 부동산등기부등본에 실거래가를 기재하도록 하였으며, 실거래가의 활성화를 위해 국토해양부 싸이트에서 실거래가를 확인할 수 있도록 부동산 실거래가 조회 서비스가 개설되었다.

세부적 답변

1. 양도소득세와 취득세(등록세 포함)의 실거래가 신고의무

2007년부터는 소득세법 개정으로 모든 부동산 거래에 대해 양도차익

을 실거래가로 계산하여 양도소득세를 계산한다. 또한 부동산을 취득할 때 부담하는 취득세도 지방세법 개정으로 2006년부터 실거래가를 기준으로 부과한다.

2. 공인중개사의 실거래가 신고의무

2006년부터는 공인중개사의 업무 및 부동산 거래신고에 관한 법률의 개정으로 이중계약 등 잘못된 관행을 없애고 부동산거래를 투명하게 하기위해 부동산실거래가 신고의무 제도를 시행한다. 신고대상은 토지 및 건축물(2007.6.29부터는 아파트분양권도 포함)의 매매에 관한 거래계약서를 작성할 때 적용하되, 판결·고환·증여 및 신탁 등은 부동산 실거래신고개상에서 제외된다. 단 부동산등기특별조치법 제3조에 의한 검인신고는 필요하다. 거래당사자 및 중기업자는 의무적으로 부동산 실거래가를 신고해야 하며, 중개업자가 거래계약서를 작성, 교부한 경우 반드시 중개업자가 계약체결일로부터 60일(주택법상 주택거래신고지역의 주택은 15일)이내 신고해야 한다.

신고는 실제 거래가격 등 대통령령이 정하는 사항을 당해 토지 또는 건축물 소재지 관할구청 등에 신고해야 하고 무신고, 허위신고를 할 경우에는 양도자와 취득자 및 중개업자는 최고 취득세의 1.5배(주택거래신고지역은 최고 2.5배)에 해당하는 과태료가 부과되고 조세범처벌법에 의해 3년 이하의 징역 또는 탈루세액의 3배에 해당하는 벌금을 부담해야 한다. 또한 신고지연에 따른 과태료는 최고 500만원이 부과되고, 거래당사자가 중개업자로 하여금 부동산거래신고를 하지 아니하게 하거나 거짓된 내용을 신고하도록 요구하는 경우는 500만원 이하의 과태료가 부과되고, 중개업자의 거짓 또는 이중계약서 작성시에는 중개업 등록취소 또는 6월 이내의 자격이 정지된다.

3. 부동산등기법상 실거래가 기재의무

부동산등기법 개정으로 부동산등기법 제57조 4항에 의해 2006.6.1일부터 부동산 거래시 등기부에 실거래가가 기록되어 누구나 등기부 열람을 통해 실거래가를 확인할 수 있게 되었다. 즉 부동산 매매계약을 체결한 자가 관할등기소에 잔금청산일로부터 60일 이내에 소유권이전등기를 신청하면 등기소에서는 신고필증에 기재된 실거래금액을 부동산등기부 갑구의 권리자 및 기타사항 란에 기재한다. 만약 등기부 기재금액이 지자체나 세무서 조사에 의해 허위로 밝혀지면 매도자, 매수자 모두에게 최고 취득세의 1.5배(주택거래신고지역은 2.5배) 이하의 과태료가 부과된다.

4. 국토해양부와 서울부동산정보광장의 실거래가 조회 서비스

2006.1.1부터 아파트의 거래당사자 또는 중개업자가 신고한 아파트 실거래가를 누구나 쉽게 조회할 수 있도록 국토해양부가 인터넷상으로 공개하고 있다. 또한 서울시는 서울부동산정보광장을 통해 2010.9.1부터 서울시의 아파트, 다세대·연립, 단독·다가구의 매매 실거래가격을 공개하였고, 2010.11.10부터는 전·월세 확정일자 신고가격을 공개하고 있다.

농지취득자격증명원과 농지원부가 무엇이고, 농지원부가 있으면 어떤 장점이 있는가요?

포괄적 답변

농지취득자격증명원은 농지에 대한 실수요자임을 입증하는 공적인 문서로, 농지의 투기를 막고 실수요자가 농지를 소유하게 하기 위하여 법원에 소유권이전 등기신청을 할 때, 농지의 소재지를 관할하는 시장 등으로부터 농지취득자격증명원을 발급받아 법원에 제출하여야 한다. 또한 농지원부는 소유관계를 기준으로 작성하는 것이 아니고 경작 현황을 기준으로 작성하는 것으로 농업인을 증명하는 신분증 같은 것으로 자경사실을 증명하는 공적인 문서이다.

세부적 답변

1. 농지취득자격증명원과 소유상한선 제도

농지는 임야와 더불어 어떤 토지보다도 투기의 우려가 높기 때문에 투기거래를 막고 실수요자로 하여금 농지를 소유하게 하기 위해 농지의 소

재지를 관할하는 시장 등으로부터 농지취득자격증명원을 발급받아 법원
에 제출하여야 소유권이전 등기를 할 수 있다. 다만 상속이나 담보농지 등
을 취득하는 경우에는 농지취득자격증명원을 발급받지 않고 농지를 취득
할 수 있다(농지법 제8조). 농지취득자격증명원을 발급받고자 하는 자는 취
득대상농지의 면적, 취득대상농지의 농업경영에 적합한 노동력 및 농업
기계·장비의 확보방안 및 소유농지의 이용실태 내용이 포함된 농업경영
계획서를 작성하여 제출하여야 한다. 다만 주말·체험영농을 목적으로 하
는 경우에는 농업경영계획서를 작성하지 않는다(농지법 제8조).

상속에 의하여 농지를 취득한 자가 농업경영을 하지 아니하거나 8년
이상 농업경영을 한 후 이농하는 자는 10,000㎡ 초과하여 소유할 수 없
다. 다만 10,000㎡ 초과 농지를 한국농어촌공사 등에 위탁하여 임대하거
나 사용대하면 소유상한을 초과할 수 있다. 또한 주말·체험영농을 하고자
자는 1,000㎡ 미만의 농지만 소유할 수 있다. 이 경우 면적의 계산은 그
세대원 전부가 소유하는 총면적으로 한다(농지법 제7조).

2. 농지원부

농지원부란 농지의 소유 및 이용 실태를 파악하고 효율적으로 이용·관
리하기 위해 시·구·읍·면장은 농지원부를 작성해 비치해야 하는 것으로,
농업인을 증명하는 신분증같은 것으로 자경사실을 증명하는 공적인 문서
이다. 즉 1,000㎡ 이상의 농지에서 농작물 또는 다년생식물을 경작 또는
재배하거나, 농지에 330㎡ 이상의 고온식온실 등 농업용 시설을 설치하
여 농작물 또는 다년생식물을 경작 또는 재배하는 농업인, 농업법인 및 준
농업법인별로 농지원부를 작성한다(농지령 제70조).

주의할 점은 농지원부는 소유관계를 기준으로 작성하는 것이 아니고
경작 현황을 기준으로 작성한다는 점이 특이하다. 즉 농지원부는 소유권

을 증명하는 것이 아니라 경작현황을 확인하는 것으로 소유농지든 임차농지든 관계없이 실제르 농사를 짓는 농업인을 대상으로 하는 것이다. 따라서 1,000㎡ 이상의 농지를 소유하더라도 농작물 또는 다년생식물을 경작 또는 재배하지 않거나 주말·체험영농을 목적으로 취득한 농지는 농지원부 작성대상이 아니다.

농지원부의 작성은 담당 공무원이 농지의 소유 및 이용 상황을 파악해 작성하는 것이 원칙이지만, 농업인 등의 신청에 의해 작성되거나 변동 사항을 정리하는 것이 일반적이다. 따라서 기존에 농사를 직접 자경하였더라도 농지원부를 작성하지 않았다면 조사시점에서 작성하되, 소급적용하여 작성할 수 없다. 다간 농지취득자격증명원을 제출하면 경작조회 없이 바로 작성이 가능하다. 그리고 농지원부를 가지고 있으면 다음과 같은 혜택을 받을 수 있다.

구분	농지원부 혜택 내용
정부지원	고등학생의 경우 학자금이 면제되고 대학생은 등록금이 무이자로 융자된다. 또한 만5세 이하의 영·유아를 보육시설에 보낼 경우 보조금이 지원되고, 유류면세 혜택 등 각종 보조금을 지원해 준다.
세제지원	농지원부 작성 후 2년이 경과해 농지를 취득하면 취득세(등록세 포함) 감면을 받을 수 있고 국민주택채권 매입이 면제된다. 또한 대출을 받기 위해 근저당을 설정하면 등록세 및 채권매입이 면제가 된다. 마지막으로 8년 이상 재촌·자경하면 양도소득세 감면을 받을 수 있다.
기타지원	농지전용을 할 경우에는 일정액의 농지조성비를 부담해야 하는데, 농업인은 일부 감면을 받을 수 있고, 농지를 추가로 구입하거나 인근 시·군의 농지를 구입하기가 용이하다.

1. 농지원부와 양도소득세의 관계

농지에 대한 양도소득세 계산시 자경사실을 입증하면 양도소득세 감면 규정이나 장기보유특별공제를 적용받을 수 있다. 따라서 자경사실을 공적으로 입증하는 농지원부를 제출하면 쉽게 양도소득세 계산시 동 혜택을 받을 수 있으나, 만약 공적인 문서인 농지원부가 없는 경우에는 간접적인 방법으로 농지 소재지 관할 이장 등으로부터 자경농지사실확인서(인우보증서와 농지일지 포함)를 받고 농약 및 비료 구입영수증, 농약 등 판매확인서 등을 제출하여 자경사실을 납세자가 입증해야 하는 불편함을 감수해야한다.

또한 경작 사실이 없는 농지는 원칙적으로 비사업용토지로 보아 양도소득세 감면배제, 장기보유특별공제 적용배제, 양도소득세 중과세율(2012년 까지는 일반세율 적용)을 적용하기 때문에 농지의 자경 여부는 양도소득세 계산시 매우 중요한 변수가 된다.

2. 농업경영에 이행하지 않은 경우의 제재사항

농지를 농업경영에 이용하지 않거나, 농지의 소유상한을 초과하여 소유하거나 부정한 방법으로 농지를 소유한 경우 및 주말·체험영농에 이용하지 않는 등의 사유에 해당하면 그 사유가 발생한 날부터 1년 이내에 농지를 처분해야 하고, 동 의무를 이행하지 않으면 시장 등은 6월 이내에 처분명령을 할 수 있고 농지 소유자는 농업기반공사에 농지의 매수청구를 할 수 있다(농지법 제11조). 그리고 시장 등의 처분명령을 이행하지 않으면 처분명령이 이행될 때가지 이행강제금을 매년 1회 부과·징수한다(농지법 제62조).

농지연금이 무엇인가?

포괄적 답변

농지자산을 유동화하여 노후생활자금이 부족한 고령농업인의 노후 생활안정을 지원하기 위해 한국농어촌공사 및 농지관리기금법 제24즈의5(농지를 담보로 한 농업인의 노후생활안정 지원사업 등)에 의해 만 65세(배우자 포함) 이상 고령농업인이 소유한 농지를 담보로 노후생활 안정자금을 매월 연금형식으로 지급받는 제도이다. 세부적인 내용은 다음과 같다.

세부적 답변

1. 신청자격

신청연도 말일 기준으로 농지소유자 본인과 배우자 모두 만65세 이상인자로, 농지연금 신청일을 기준으로 과거 5년 이상 영농경력 조건을 갖추어야한다. 다만 영농경력은 직전 계속 연속적일 필요는 없고 전체 영농기간 중 합산 5년 이상이면 된다.

2. 대상농지

　신청인의 총 소유농지가 3만㎡ 이하이고, 지목이 전·답·과수원으로써 실제 영농에 이용 중인 농지로 다음의 요건을 무두 갖추어야 한다. 따라서 농지연금 가입시 소유농지 총면적이 3만㎡를 초과하면 연금가입이 제한된다. 다만, 농지연금 가입 후에는 가입자 소유농지의 총면적이 3만㎡를 초과하더라도 월지급금이 중단되거나 약정이 해지되지는 않는다(시행령 제19조의 9~12).

　① 가입신청자가 소유하고 있는 농지로써 저당권 등 제한물건이 설정되지 아니한 농지
　② 압류, 가압류, 가처분 등의 목적물이 아닌 농지

3. 연금지급 방식과 월지급금

　농지연금 지급방식은 종신형과 기간형이 있는데, 종신형은 가입자와 배우자가 사망시까지 매월 일정액을 지급하는 방식이고, 기간형은 가입자가 선택한 일정기간 동안 매월 일정액을 지급하는 방식으로 연금지급 중에는 월지급금의 지급방식 변경이 불가하다. 또한 농지연금은 월지급금을 일시에 지급할 수 없으며 중도에 인출할 수도 없다. 담보농지의 가격평가는 개별공시지가로 하여 월지급금을 산정하는데 담보농지평가액이 1억원인 경우 종신형과 기간형의 월지급금 규모는 다음과 같다.

〈농지연금의 월지급금 예시표〉

가입연령	종신형	기간형		
		5년	10년	15년
65세	327,000	1,112,000	623,000	463,000
70세	388,000	1,220,000	683,000	507,000

☞기대이율 5.11%, 농지가격 상승률 2.85%, 2008년 여자생명표 적용

참고적으로 농지연금은 가입자 사망시 배우자가 소유권이전등기 및 농지연금 채무인수를 완료하면 농지연금을 계속하여 받을 수 있는 부부보장형 연금제도이다. 그러나 연금수급자 사망시 배우자가 아닌 자녀 등에게 담보농지의 소유권이 이전된 경우는 배우자에게 농지연금이 지급되지 않으며 농지연금 약정은 해지된다.

이혼이나 재혼한 경우 농지연금 혜택을 받을 수 있는지 여부

수급자가 사망한 후 농지연금을 계속하여 받을 수 있는 배우자는 약정체결 당시부터 계속하여 법률상 혼인관계에 있는 배우자만 해당된다. 따라서 연금수급 중에 재혼한 배우자는 농지연금 수급대상에서 제외된다. 이혼을 한 경우에도 가입자에게 농지연금은 계속하여 지급된다.

다만, 농지연금 수급권을 인수할 수 있는 배우자는 농지연금 약정체결 당시부터 계속하여 법률상 혼인관계에 있는 자로서, 가입자와 이혼을 한 배우자는 농지연금 수급대상에서 제외된다. 이혼으로 재산권 분할이 발생했을 경우 농지의 소유권이 이혼한 배우자에게 이전된다면 농지연금약정은 해지되며 가입자는 농지연금채무를 상환해야한다.

4. 농지연금채무상환

농지연금은 원칙적으로 가입자와 배우자가 생존하는 동안은 농지연금 채무를 상환(일부상환은 불인정)하지 않아도 된다. 그러나 다음과 같은 사유에 해당하는 경우에는 농지연금 지급이 정지되고 농지연금수급자나 상속

자는 농지연금채무를 상환해야 한다(시행령 제19조의 13).

- 가입자가 사망한 경우로서 배우자가 없는 경우
- 가입자가 사망한 경우로서 배우자가 있는 경우에는 사망한 후 6개월 이내에 배우자 앞으로 담보농지 전부에 대한 소유권이전등기 및 농지연금채무인수를 거절하거나 마치지 아니한 경우
- 가입자가 사망한 날부터 6개월 이내에 담보농지의 소유권이전등기 및 농지연금채무인수를 마친 배우자가 사망한 경우
- 담보농지의 소유권을 상실(매매 등)한 경우
- 농지연금채권이 저당권의 채권최고액을 초과할 것으로 예상되는 경우로서 공사의 채권최고액 변경요구에 응하지 아니한 경우
- 담보농지에 제한물권을 설정하거나 공사의 동의 없이 저당권 등 담보물권을 설정한 경우
- 담보농지가 전용 등으로 더 이상 농지로 이용될 수 없게 된 경우

5. 장점

① 농지연금을 받던 농업인이 사망할 경우 배우자가 승계하면 배우자 사망시까지 계속해서 농지연금을 받을 수 있다.
② 농지연금을 받으면서 담보농지를 직접 경작하거나 임대할 수 있어 연금 이외의 추가소득을 얻을 수 있다.
③ 연금채무 상환시 담보농지처분으로 상환하고 남은 금액이 있으면 상속인에게 돌려주고, 부족하더라도 더 이상 청구하지 않는다.

주택임대사업자의 등록요건과 절차는 어떻게 되나요?

포괄적 답변

부동산임대사업을 활성화하기 위해 각종 세제혜택이 주어지고 있는 주택임대사업을 하려면 임대주택법에서 정하고 있는 일정 요건을 갖추어 시·군·구청(주택과)에 주택임대사업자로 등록하고, 임대주택 소재지를 관할하는 세무서에 사업자등록을 해야 한다. 또한 세제혜택을 받기 위해서는 각각의 지방세특례제한법, 소득세법, 법인세법 및 종합부동산세법에 정한 요건을 갖추면 취득세와 재산세 감면, 양도소득세 중과세 배제, 3주택 이하 보증금에 대한 간주임대료 계산배제, 종부세 비과세 혜택을 받을 수 있다. 다만 각각의 요건이 모두 다르기 때문에 관계법령의 확인은 필수사항이다.

세부적 답변

1. 매입임대주택사업자의 등록기준과 등록절차(임대주택법 시행령 제

7~8조, 시행규칙 제3조)

매입임대주택사업자로 등록할 수 있는 자는 단독주택은 1호, 공동주택 (2012.4.27부터 소형 오피스텔 포함)은 1세대 이상으로, 2인 이상이 공동으로 소유하는 주택의 경우에는 공동 명의로 등록하여야 한다. 또한 임대사업 자로 등록하려는 자는 임대사업자 등록신청서(별지 제1호서식)에 일정서류 를 첨부하여 주소지를 관할하는 특별자치도지사·시장·군수 또는 구청장 (자치구의 구청장을 말함)에게 제출하여야 한다. 만일 등록증을 발급받은 자 가 등록 사항이 변경된 경우에는 변경 사유가 발생한 날부터 30일 이내에 구청장(변경 사항이 임대사업자의 주소인 경우에는 전입지의 구청장 등을 말한다)등 에게 이를 신고하여야 한다.

☞조만간 임대주택법 시행령과 지방세특례제한법 개정으로 일정규모 이하의 오피스텔도 임대주택법상 임대주택으로 보아 주택임대사업 자로 등록이 가능하고, 취득세 감면, 재산세 감면 등을 받을 수 있게 될 예정임.

2. 임대의무기간과 매각(임대주택법 시행령 제13조, 시행규칙 제6조)

매입임대주택의 임대의무기간은 임대개시일로부터 5년이고, 동 기간 이내에는 임대주택을 매각할 수 없다. 다만 다음의 경우에는 임대주택을 매각할 수 있다.

① 임대주택을 구청장 등에게 신고한 후 다른 임대사업자에게 매각하 는 경우. 즉 임대사업자는 임대주택 매각신고서(별지 제9호서식)에 매 매계약서 사본을 첨부하여 구청장 등에게 제출하여야 한다.

② 임대사업자가 부도, 파산, 그 밖의 경제적 사정 등으로 임대를 계속 할 수 없는 경우로서 구청장 등에게 분양전환허가를 받은 경우. 다 만 분양전환허가를 받기 위해서는 2년 연속 적자가 발생한 사실을

입증할 수 있는 해당 기간의 손익계산서 또는 현금흐름표를 제출하여야 한다.

③ 임대주택으로서 임대 개시 후 해당 주택의 임대의무기간의 2분의 1이 지난 경우로서 임대사업자와 임차인이 해당 임대주택의 분양전환에 합의하여 임대사업자가 구청장 등에게 신고한 후 임차인에게 분양전환하는 경우.

3. 임대의무기간 불이행시 제재조치(임대주택법 제41조)

임대주택을 시행령 제13조에 의한 매각이나 분양전환하는 경우를 제외하고 임대의무기간(5년)내에 매각하거나 분양전환하면 2년 이하의 징역 또는 2,000만원 이하의 벌금에 처한다.

4. 매입임대주택의 사업자등록증과 임대사업자등록

매입임대주택의 사업자등록증을 최초로 신청하는 경우에는 임대주택의 소유권이전등기를 하기 전에 임대주택 소재지 관할세무서에 분양 또는 매입에 관한 계약서사본을 첨부하여 사업자등록증신청서를 작성·제출하면 되고, 취득세를 감면 받기 위해서는 소유권이전등기를 할 때 임대주택소유자의 주소지 관할 구청 등의 주택과에 분양 또는 매입에 관한 계약서사본을 첨부하여 임대사업자등록신청서별지 제1호서식)를 작성·제출하면 된다.

이와는 별도로 다가구주택이나 단독주택를 임대할 경우에는 임대주택법상 단독주택이지만 취득세와 재산세의 감면대상 주택은 공동주택만 허용되므로 지방세 감면이 되지 않지만, 소득세법과 종합부동산세법상 세제혜택을 받기 위해서는 당해주택 관할세무서에 사업자등록증을 신청해야 한다. 또한 다가구주택은 건축법 시행령 제3조의4 별표 1에 따라 단독

주택에 해당되므로 동 주택에 본인이 거주하거나 근린생활시설이 있는
경우에는 임대사업자 등록대상의 임대주택에 해당되지 않는다(공공주택
팀-6291, 2007.5.25).

5. 다가구주택의 사업자등록증만 낸 경우

① 다가구주택을 임대하는 자로서 임대주택법상 호수에 미달하여 구청
장 등에게 임대사업자로 등록할 수 없었던 자가 세법에 의하여 사업
자등록을 하는 경우에는 당해 사업자등록을 한 날에 임대주택법에
의한 사업자등록을 한 것으로 보아 임대주택 합산배제 요건을 적용
한다(종부령 제3조 3항).

② 다가구주택을 5호 이상 임대하는 경우로서 임대사업자등록이 불가
한 경우라도 임대에 관한 사항을 주택의 임대를 개시한 날로부터 3
월 이내에 임대주택의 소재지 관할세무서장에게 주택임대신고서에
의하여 신고하고 그 임대기간이 5년 이상 경과한 후 양도하는 경우
에는 양도소득세를 50%에 상당하는 세액을 감면받을 수 있는 것임
(재일 46014-625, 1998.04.11).

주택임대사업자의 세제혜택 중 지방세법상 세제혜택은 어떤 것이 있나요?

1. 취득세 감면 조건

2012.12.31까지 임대사업자가 건축주로부터 최초로 분양받은 공동주택(아파트, 연립주택 및 다세대주택을 말하고 주택거래신고지역 내 공동주택은 제외한다)은 다음과 같이 취득세를 감면한다(지특법 제31조).

① 전용면적 60m²(18평) 이하의 공동주택을 취득하면 취득세를 전액 면제한다.

② 전용면적 60m²(18평) 초과 85m² 이하인 임대주택법상 장기임대주택(임대의무기간이 10년~50년)을 20호 이상 취득하거나 20호 이상 보유한 임대사업자가 추가로 취득하는 경우에는 취득세의 25%를 경감한다.

여기서 주의할 것은 취득세와 재산세 감면대상 주택은 공동주택만 인정되므로 다가구주택이나 단독주택 및 주거용 오피스텔은 감면대상이 아니다. 또한 임대사업자등록을 하기 전에 매입한 주택에 대하여 부담한 취득세는 환급받을 수 없다. 즉 취득세 감면을 받기 위해서는 공동주택 취득당시(잔금일 기준) 임대사업자이어야 하므로 잔금을 납부하기 전에 관할 세무서에 분양계약서를 첨부하여 사업자등록증을 내야한다.

☞ 조만간 임대주택법 시행령과 지방세특례제한법 개정으로 일정규모 이하의 오피스텔도 임대주택법상 임대주택으로 보아 주택임대사업자로 등록이 가능하고, 취득세 감면, 재산세 감면 등을 받을 수 있게 될 예정임.

2. 취득세 추징

공동주택을 취득한 날부터 2개월 이내에 이전등기를 하지 아니하거나, 임대의무기간 내에 임대 이외의 용도로 사용하거나 매각하는 경우에는 감면된 취득세를 추징한다.

3. 재산세와 지역자원시설세 감면

2012.12.31까지 임대사업자가 국내에 2세대 이상의 임대용 공동주택을 매입하여 과세기준일(6.1) 현재 임대목적에 직접 사용하는 경우에는 다음과 같이 감면한다.

① 전용면적 40m² 이하인 임대용 공동주택은 재산세와 지역자원시설세 전액을 감면한다.
② 전용면적 60m² 이하인 임대용 공동주택은 재산세의 50%를 감면하고, 지역자원시설세 전액을 감면한다.
③ 전용면적 85m² 이하인 임대용 공동주택은 재산세의 25%를 감면한다.

주택임대사업자의 세제혜택 중 소득세법상
세제혜택은 어떤 것이 있나요?

1. 주택임대소득의 비과세

1개의 주택을 소유하는 자의 주택임대소득(과세기간 종료일 또는 양도일 현재 기준시가가 9억원을 초과하는 주택 및 국외에 소재하는 주택의 임대소득은 제외한다)은 비과세 한다. 이 경우 주택 수의 계산은 다음과 같다(소법 제12조, 스령 제8조의2).

① 다가구주택은 1개의 주택으로 보되, 구분등기된 경우에는 각각을 1개의 주택으로 계산

② 공동소유의 주택은 지분이 가장 큰 자의 소유로 계산하되, 지분이 가장 큰 자가 2인 이상인 경우에는 각각의 소유로 계산. 다만, 지분이 가장 큰 자가 2인 이상인 경우로서 그들이 합의하여 그들 중 1인을 당해 주택의 임대수입의 귀속자로 정한 경우에는 그의 소유로 계산

③ 임차 또는 전세받은 주택을 전대하거나 전전세하는 경우에는 당해 임차 또는 전세 받은 주택을 임차인 또는 전세 받은 자의 주택으로 계산

④본인과 배우자가 각각 주택을 소유하는 경우에는 이를 합산

2. 보증금에 대한 간주임대료

원칙적으로 주택의 임대소득 중 월세(2주택 이상자와 고가주택 보유자에 한함)에 대해서는 소득세를 부과하지만 보증금과 전세금에 대해서는 간주임대료를 계산하지 않는다. 따라서 주택을 임대할 때 전액 전세로 할 경우에는 부담해야 할 소득세가 없다. 다만 2011년부터 3주택(전용면적 85m² 이하이고, 해당 과세기간의 기준시가가 3억원 이하인 소형주택은 주택수 산정시 제외됨) 이상을 소유하고 보증금 등의 합계액이 3억원을 초과하는 경우에는 일정산식에 의한 간주임대료를 부담해야 한다(소법 제25조 1항, 소령 제53조 3항).

구분	총수입금액산입금액
장부	(보증금 등 − 3억원) × 60% ÷ 365(윤년 366) × 정기예금이자율 − 임대사업에서 발생한 수입이자 등
추계	(보증금 등 − 3억원) × 60% ÷ 365(윤년 366) × 정기예금이자율

3. 양도소득세 중과세 배제기준(소령 제167조의3 1항 2호 가)

사업자등록과 임대주택법에 의한 임대사업자등록을 한 다음의 주택(거주자 보유주택)은 양도소득세 중과세 대상으로 보지 않고 장기보유특별공제 대상으로 본다(부동산거래관리 −1276, 2010.10.21).

구분	지역	임대수	규모	임대기간	가격[주1]
매입임대	서울	1호 이상	일정규모[주2]	5년	6억원
	인천, 경기	1호 이상	일정규모[주2]	5년	6억원
	기타	1호 이상	일정규모[주2]	5년	3억원
미분양 매입임대[주3]	기타	5호 이상	일정규모[주2]	5년	3억원

주1) 가격은 임대개시일 당시 주택(토지 포함)의 기준시가를 말한다.
주2) 일정규모란 대지면적이 298m² 이하이고, 주택의 연면적(공동주택은 전용면적)이 149m² 이하인 것을 말한다.
주3) 비수도권 주택으로 2008.6.10까지 미분양된 것으로 2008.6.11~2009.6.30일까지 최초로 분양계약 체결하고 계약금을 납부한 주택을 말한다.
• **참조예규**(부동산거래관리−1011, 2010.8.2) : 다가구주택은 한 가구가 독립하여 거주할 수 있도록 구획된 부분을 각각 하나의 주택으로 보아 임대호수, 국민주택 규모, 임대기간 및 기준시가 3억원 이하에 해당하는지를 판단하는 것임.

4. 양도소득세 비과세(소령 제155조 19항~23항, 제161조, 제167의3 ⑤)

임대주택사업자가 장기임대주택 외에 거주용으로 1주택만을 소유하고 있고, 해당 거주주택에의 거주기간이 2년 이상이고 보유기간이 3년 이상이면 그 주택을 1세대 1주택으로 보아 양도소득세를 비과세하며, 임대주택사업자가 거주주택을 비과세 받아 양도한 이후에 기존 임대주택에 입주하여 거주하고 추가로 해당 주택을 양도하는 경우에는 직전에 비과세 받은 거주주택의 양도일 이후의 기간에 발생한 양도차익에 대해서만 비과세함. 참고로 장기임대주택의 임대기간을 충족하기 전에 거주주택을 양도하여도 비과세 규정을 적용하되, 비과세 적용받은 후에 임대기간요건을 충족하지 못하면 일정금액의 양도소득세를 추징한다.

주택임대사업자의 세제혜택 중 종합부동산법상 세제혜택은 어떤 것이 있나요?

사업자등록과 임대주택법에 의한 임대사업자등록을 한 자(거주자 서면4 팀 -1058, 2005.06.27)가 임대주택 이외의 주택을 소유하면서, 과세기준일 (6.1) 현재 그 주택에 주민등록이 되어 있고 실제로 거주하고 있으면 임대주택을 종합부동산세 합산배제 임대주택으로 본다(시행령 제2조의3, 제3조 1항 2호, 6호). 또한 과세기준일(6.1) 현재 임대를 개시한 자가 법 제8조 제3항에 따른 합산배제 신고기간 종료일(9.30)까지 임대사업자로서 사업자등록을 하는 경우에는 해당 연도 과세기준일 현재 임대사업자로서 사업자등록을 한 것으로 본다(종부령 제3조).

구분	지역	임대수	규모	임대기간	가격[주1]
매입임대	서울	1호 이상	일정규모	5년	6억원
	인천, 경기	1호 이상	일정규모	5년	6억원
	기타	1호 이상	일정규모	5년	3억원
미분양 매입임대[주3]	기타	5호 이상	일정규모[주2]	5년	3억원

주1) 가격은 임대를 개시한 날 또는 최초로 합산배제 신고를 한 연도의 과세기준일의 공시가격을 말한다.

주2) 일정규모는 전용면적이 149m² 이하인 것을 말한다.

주3) 비수도권 주택으로 2008.6.11~2009.6.30까지 최초로 분양계약 체결하고 계약금을 납부한 주택을 말한다.

• **참조규정** : 다가구주택을 임대하는 자로서 임대주택법상 호수에 미달하여 구청장 등에게 임대사업자로 등록할 수 없었던 자가 세법에 의하여 사업자등록을 하는 경우에는 당해 사업자등록을 한 날에 임대주택법에 의한 사업자등록을 한 것으로 보아 임대주택 합산배제 요건을 적용한다(종부령 제3조 3항). 또한 다가구주택의 부수토지는 남편이, 건물은 부인이 각각 소유하는 경우 당해 다가구주택의 부수토지는 종합부동산세법 합산배제 임대주택 규정이 적용되지 아니한다(서면5팀 -1164, 2008.05.30).